REGULAÇÃO DO SEGURO DPVAT
MARCO REGULATÓRIO E ECONÔMICO

*Livro elaborado pelo Centro de Pesquisa em Direito e Economia (CPDE)
em parceria com o Centro de Estudos em Regulação e Infraestrutura (CERI).
A Regulação do DPVAT: marco regulatório jurídico e econômico*

REGULAÇÃO DO SEGURO DPVAT
MARCO REGULATÓRIO E ECONÔMICO

ÉRICA DINIZ OLIVEIRA
ANTÔNIO JOSÉ MARISTRELLO PORTO
JOISA CAMPANHER DUTRA

Copyright © 2017 by Letramento

EDITOR:
Gustavo Abreu

REVISÃO:
Nathan Matos

CAPA, PROJETO GRÁFICO E DIAGRAMAÇÃO:
Luís Otávio Ferreira

CONSELHO EDITORIAL:
Alessandra Mara de Freitas Silva; Alexandre Morais da Rosa; Bruno Miragem; Carlos María Cárcova; Cássio Augusto de Barros Brant; Cristian Kiefer da Silva; Cristiane Dupret; Edson Nakata Jr; Georges Abboud; Henderson Fürst; Henrique Garbellini Carnio; Henrique Júdice Magalhães; Leonardo Isaac Yarochewsky; Lucas Moraes Martins; Nuno Miguel Branco de Sá Viana Rebelo; Renata de Lima Rodrigues; Rubens Casara; Salah H. Khaled Jr; Willis Santiago Guerra Filho.

TODOS OS DIREITOS RESERVADOS.
Não é permitida a reprodução desta obra sem aprovação do Grupo Editorial Letramento.

Dados Internacionais de Catalogação na Publicação (CIP)
Bibliotecária Juliana Farias Motta CRB7/5880

Referência para citação:
OLIVEIRA, E. D.; PORTO, A.J.M.; DUTRA, J.C. *Regulação do seguro DPVAT: marco regulatório e econômico*. Belo Horizonte-MG: Letramento, 2017.

O48r Oliveira, Érica Diniz

Regulação do seguro DPVAT : marco regulatório e econômico / Antônio Maristrello Porto, Érica Diniz Oliveira e Joisa Campanher Dutra. -- Belo Horizonte(MG): Letramento : Casa do Direito: FGV Direito Rio, 2017.

192 p.:il. graf. tab.; 23 cm.

Vários colaboradores

ISBN: 978-85-9530-023-1

Livro elaborado pelo Centro de Pesquisa em Direito e Economia (CPDE) em parceria com o Centro de Estudos em Regulação e Infraestrutura (CERI).

1. Seguro de acidentes – Legislação – Brasil. 2. Vítimas de acidente de trânsito. 3. Indenização aos trabalhadores. I. Porto, Antônio José Maristello. II. Dutra, Joisa Companher. III. Título. IV. Título: marco regulatório e econômico

CDD 346.8108638

Casa do Direito é o selo jurídico do Grupo Editorial Letramento

Belo Horizonte – MG
Rua Cláudio Manoel, 713
Funcionários
CEP 30140-100
Fone 31 3327-5771
contato@editoraletramento.com.br
editoraletramento.com.br
casadodireito.com

EQUIPE DE PESQUISA E COLABORADORES

ANDRÉ AUGUSTO CORRÊA CUNHA Mestrando em Direito da Regulação pela Escola de Direito da Fundação Getúlio Vargas. Bacharel em Direito pela Universidade Federal do Rio de Janeiro (UFRJ), e em Economia pela Pontifícia Universidade Católica do Rio de Janeiro (PUC – Rio).

ANTONIO JOSÉ MARISTRELLO PORTO Coordenador do FGV CDMA Direito Rio. Professor pesquisador da FGV Direito Rio. Doutor e LL.M em Direito pela University of Illinois College of Law at Urbana-Champaign, e bacharel em Direito pela Unifeob.

DANIELLE CAVALCANTE DUARTE Especialista em Direito Empresarial e Mestre em Direito da Regulação pela FGV Direito Rio. Agente executivo da Superintendência de Seguros Privados (SUSEP). Advogada.

DANIELLE DA COSTA LEITE BORGES Professora pesquisadora do Centro de Pesquisas em Direito e Economia da FGV Direito Rio. Doutora e LL.M em Direito pelo European University Institute. Mestre em Saúde Pública pela ENSP/Fiocruz. Bacharel em Direito pela UERJ. Advogada.

DIOGO LEITÃO REQUENA Estagiário pesquisador do Centro de Pesquisa em Direito e Economia da FGV Direito Rio. Bacharelando em Ciências Econômicas pela Pontifícia Universidade Católica do Rio de Janeiro (PUC – Rio).

ÉRICA DINIZ OLIVEIRA Doutora e Mestre em Economia pela Escola de Pós-Graduação em Economia da Fundação Getúlio Vargas FGV EPGE. Bacharel em Economia pela UnB. Pesquisadora do Centro de Pesquisas em Direito e Economia da FGV Direito Rio.

GABRIEL ALMEIDA DUARTE Estagiário pesquisador do Centro de Pesquisa em Direito e Economia da FGV Direito Rio. Bacharelando em Direito pela Fundação Getúlio Vargas.

GIULIA SIMÕES BENGUIGUI Estagiária pesquisadora do Centro de Pesquisa em Direito e Economia da FGV Direito Rio. Bacharelanda em Ciências Econômicas pela Universidade Federal Fluminense (UFF).

JOHANN RODRIGUES DE SOUZA SOARES Estagiário pesquisador do Centro de Pesquisa em Direito e Economia da FGV Direito Rio. Bacharelando em Ciências Econômicas pela Universidade Federal Fluminense (UFF).

RAFAEL DE VASCONCELOS XAVIER FERREIRA Mestre e Doutor em Economia pela Escola de Pós-Graduação em Economia da Fundação Getulio Vargas FGV EPGE. Professor do Departamento de Economia da Faculdade de Economia, Administração e Contabilidade (FEA) da Universidade de São Paulo (USP).

RAFAELA NOGUEIRA Estudante de pós-doutorado, Doutora, Mestre e Bacharel em Economia pela Escola de pós-graduação em Economia da Fundação Getúlio Vargas FGV EPGE. Pesquisadora do Centro de Pesquisas em Direito e Economia da FGV Direito Rio.

LISTA DE SIGLAS 13

APRESENTAÇÃO 17

1. CONSIDERAÇÕES INTRODUTÓRIAS SOBRE O SEGURO DPVAT

    1.1. Objetivos regulatórios do Seguro Obrigatório de Trânsito no Brasil 19

    1.2. Noções de responsabilidade civil e o papel do DPVAT 25

    1.2.1. Responsabilidade subjetiva e objetiva 25

    1.2.2. A responsabilidade civil no trânsito no Brasil 28

2. A EVOLUÇÃO DO SEGURO OBRIGATÓRIO DE TRÂNSITO NO BRASIL

    2.1. O seguro obrigatório de trânsito como mecanismo de promoção da solidariedade social 33

    2.2. Mutações na estrutura do seguro obrigatório de trânsito 36

    2.3. Gestão do Seguro DPVAT: da livre concorrência ao monopólio 47

3. O DPVAT E O CONSÓRCIO

    3.1. Valor do prêmio e classificação dos veículos 76

    3.2. Estrutura das indenizações 83

    3.3. Destinação dos recursos 99

    3.3.1. Sistema Único de Saúde 105

    3.3.2. Departamento Nacional de Trânsito 109

3.4. Instituições envolvidas diretamente no DPVAT......111

3.4.1. Sistema Nacional de Seguros Privados..........111

3.4.2. Conselho Nacional de Seguros Privados.........115

3.4.3. Superintendência de Seguros Privados..........116

4. **OBJETIVOS REGULATÓRIOS DO DPVAT: PROBLEMAS**

    4.1. Introdução................................123

    4.2. Destinação dos recursos....................124

    4.2.1. Objetivo Regulatório Tipo 1:
Indenização das vítimas.....................125

    4.2.2. Objetivo Regulatório Tipo 2:
Ressarcimento das despesas do SUS............130

    4.2.3. Objetivo Regulatório Tipo 3:
Internalização da externalidade causada.........132

    4.2.4. Objetivo Regulatório Tipo 4:
Diminuição dos acidentes no trânsito...........134

    4.3. Conclusão................................138

5. **MECANISMOS SIMILARES NO MUNDO**

    5.1. O seguro automobilístico
obrigatório na União Europeia.................141

    5.1.1. Histórico do sistema europeu
de seguro automotor........................141

    5.1.2. Diretiva 72/166EEC.........................142

    5.1.3. Diretiva 84/5/EEC..........................143

    5.1.4. Diretiva 90/232/EEC........................143

    5.1.5. Diretiva 2000/26/EC........................144

    5.1.6. Diretiva 2005/14/EC........................144

    5.1.7. Diretiva 2009/103/EC.......................145

    5.1.8. Seguro obrigatório: algumas
considerações sobre Brasil e EU...............147

5.2.	Experiência Americana.	149
5.2.1.	Califórnia.	156
5.2.2.	Texas.	157
5.2.3.	Flórida.	157
5.2.4.	Nova York.	158
5.2.5.	Illinois.	159
5.2.6.	Pensilvânia.	159
5.2.7.	Ohio.	160
5.2.8.	Geórgia.	160
5.2.9.	Michigan.	161
5.2.10.	Nova Jersey.	162
5.3.	Panorama geral de outros desenhos regulatórios de pulverização dos riscos de acidentes de trânsito.	163
5.3.1.	África do Sul.	164
5.3.2.	Bolívia	165
5.3.3.	Canadá (Quebec).	167
5.3.4.	Chile.	170
5.3.5.	Colômbia.	171
5.3.6.	Nova Zelândia.	174
5.3.7.	Peru.	176
5.3.8.	Considerações finais.	180

6. **CONCLUSÃO**

LISTA DE FIGURAS, GRÁFICOS E TABELAS

Figura 2.1 – Sistemática de repasse
revogada (anterior ao Decreto 2.867/98). 52

Figura 2.2 – Sistemática de repasse
a partir do Decreto 2.867/98 (quadro sintético). 53

Figura 2.3 – Sistemática de repasse
a partir do Decreto 2.867/98 (quadro analítico). 58

Figura 3.1 – Entes que regulam os seguros privados 112

Figura 3.2 – Agentes Regulados pelo SNSP. 112

Gráfico 3.1 – Divisão das Participações 74

Gráfico 3.2 – Divisão por Patrimônio Líquido 74

Gráfico 3.3 – Divisão por Região .75

Gráfico 4.1 – Óbitos por Acidentes de Transporte 135

Tabela 3.1 – Seguradoras Consorciadas. 70

Tabela 3.2 – Valor do Seguro DPVAT 77

Tabela 3.3 – Evolução do Valor dos Prêmios
(R$ – em valores correntes) 78

Tabela 3.4 – Adimplência (Relação Bilhetes Pagos/
Frota) por tipo de veículo. 80

Tabela 3.5 – Inadimplência. 81

Tabela 3.6 – Grau de Invalidez. 84

Tabela 3.7 – Número de indenizações pagas
por categoria de veículos 90

Tabela 3.8 – Porcentagem de Indenizações pagas por categoria . . .91

Tabela 3.9 – Número de vítimas para cada
1000 unidades de veículos. 92

Tabela 3.10 – Indenizações pagas por natureza do sinistro 93

Tabela 3.11 – Indenizações pagas por região
(R$ milhares – em valores correntes) 95

Tabela 3.12 – Quantidade de indenizações pagas por região. 96

Tabela 3.13 – Porcentagem da frota de veículos por categoria. 97

Tabela 3.14 – Frota de veículos no Brasil por região 98

Tabela 3.15 – Percentuais de repasse
dos prêmios tarifários arrecadados. .100

Tabela 3.16 – Repasses do DPVAT em porcentagem 102

Tabela 3.17 – Desempenho de DPVAT
(R$ milhões – em valores correntes). 103

Tabela 3.18 – Série histórica da arrecadação (R$). 105

Tabela 3.19 – Recursos totais do SUS e
provenientes do DPVAT (R$ bilhões – em valores correntes) 107

Tabela 3.20 – Relação entre gastos
do SUS com acidentes e recursos provenientes
do DPVAT (R$ milhões – valores correntes). 108

Tabela 3.21 – Evolução do valor gasto por tipo de acidentado 109

Tabela 3.22 – Relação entre Receita vinda do DPVAT/Receita
Total do DENATRAN (R$ milhões – em valores correntes) 110

Tabela 3.23 – Relação entre gastos do FUNSET e recursos
provenientes do DPVAT (R$ milhões – em valores correntes) 110

Tabela 4.1 – Evolução do preço das indenizações
(R$ – em valores correntes). 129

Tabela 4.2 – Recursos DPVAT vs. Valor das
internações advindas de acidentes de trânsito 131

Tabela 4.3 – Cenários de gastos do DPVAT
com acidente no trânsito. 137

Tabela 5.1 – Cifras de cobertura mínima na
União Europeia (em milhões) 146

Tabela 5.2 – Valores dos prêmios na UE (€) 148

Tabela 5.3 – Limites de Responsabilidade
automobilísticas e regulações por estados norte-americanos 152

LISTA DE SIGLAS

ABRACICLO: Associação Brasileira dos Fabricantes de Motocicletas, Ciclomotores, Motonetas, Bicicletas e Similares

ACC: *Accident Compensation Corporation*

ADI: Ação Direta de Inconstitucionalidade

AFOCAT: *Asociaciones de Fondos Regionales o Provinciales contra Accidentes de Tránsito*

APS: *Autoridad de Fiscalización y Control de Pensiones y Seguros*

BACEN: Banco Central do Brasil

BDL: *Body Damage Liability* (responsabilidade de lesões corporais de terceiros)

BI: *Bodily Injury* (lesão corporal)

CAT: *Certificado contra Accidentes de Tránsito*

CC: Código Civil

CEI: Consórcio Especial de Indenização

CMN: Conselho Monetário Nacional

CNC: Confederação Nacional do Comércio

CNPC: Conselho Nacional de Previdência Complementar

CNSP: Conselho Nacional de Seguros Privados

CONTRAN: Conselho Nacional de Trânsito

CPDE: Centro de Pesquisa em Direito e Economia – Fundação Getúlio Vargas

CPO: Condição de Primeira Ordem

CRFB – Constituição da República Federativa do Brasil

CRJ: Coordenação-Geral da Representação Judicial da Fazenda Nacional

CRSNSP: Conselho de Recursos do Sistema Nacional de Seguros Privados

CTB: Código de Trânsito Brasileiro

DAMS: Despesas de Assistências Médicas e Suplementares

DENATRAN: Departamento Nacional de Trânsito

DETRAN: Departamento de Trânsito

DF: Distrito Federal

DJ: Diário da Justiça

DOU: Diário Oficial da União

DPEM: Seguro Obrigatório de Danos Pessoais Causado por Embarcações ou suas Cargas

DPVAT: Seguro de Danos Pessoais Causados por Veículos Automotores de Vias Terrestres

EC: *European Community*

ECAT: *Eventos Catastróficos y Accidentes de trânsito*

ECU: *European Currency Unit*

EEC: *European Economic Community*

EICP: *European Index of Consumer Prices*

FDES: Fundo de Desenvolvimento Educacional do Seguro

FEI: Fundo Especial de Indenização

FENACOR: Federação Nacional dos Corretores de Seguros Privados e de Resseguros, de Capitalização, de Previdência Privada, das Empresas Corretoras de Seguros e de Resseguros

FENASEG: Federação Nacional das Empresas de Seguros Privados e de Capitalização

FGV: Fundação Getúlio Vargas

FISO: *Fondo de Indemnizaciones Seguro Obligatorio de Accidentes de Tránsito (SOAT)*

FMI: Fundo Monetário Internacional

FNS: Fundo Nacional de Saúde

FONSAT: *Fondo del Seguro Obligatorio de Accidentes de Tránsito*

FOSYGA: *Fondo de Solidaridad y Garantía*

FR: *Financial Responsibility* (responsabilidade financeira)

FUNENSEG: Fundação Escola Nacional de Seguros

FUNSET: Fundo Nacional de Segurança e Educação de Trânsito
GB: Guanabara
GRU: Guia de Recolhimento da União
IAIS: *International Association of Insurance Supervisors*
IBGE: Instituto Brasileiro de Geografia e Estatística
IBNR: *Incurred But Not Reported*
IBRACOR: Instituto Brasileiro de Autorregulação
INAMPS: Instituto Nacional de Assistência Médica da Previdência Social
IOF: Imposto de Operações Financeiras
IPCA: Índice de Preços ao Consumidor
IPEA: Instituto de Pesquisa Econômica Aplicada
IPVA: Imposto sobre a Propriedade de Veículos Automotores
IRB: Instituto de Resseguros do Brasil
MC: Medida Cautelar
MCid: Ministério das Cidades
MF: Ministério da Fazenda
MG: Minas Gerais
MJ: Ministério da Justiça
MP: Ministério Público
MS: Ministério da Saúde
MTPS: Ministério do Trabalho e Previdência Social
OCDE: Organização para a Cooperação e Desenvolvimento Econômico
OMS: Organização Mundial da Saúde
PAYD: *Pay-as-you-drive*
PB: Paraíba
PD: *Property Damage* (danos à propriedade)
PDL: *Property Damage Liability* (danos à propriedade de terceiros)
PF: Polícia Federal
PGFN: Procuradoria-Geral da Fazenda Nacional
PIP: *Personal Injury Protection* (proteção à injúria pessoal)

PL: Projeto de Lei
PLS: Projeto de Lei do Senado
PPI: *Property Protection*
PR: Paraná
RAF: *Road Accident Fund*
RCOVAT: Seguro de responsabilidade civil para garantir os danos provocados por seu uso e circulação
RE: Recurso Extraordinário
RTJ: Revista Trimestral do Superior Tribunal de Justiça (STJ)
SAAQ: *Société de l'assurance automobile du Québec*
SIM: *Mortality Information System*
SNSP: Sistema Nacional de Seguros Privados
SOAP: *Seguro Obligatorio de Accidentes Personales*
SOAT: *Seguro Obligatorio de Accidentes de Tránsito*
SP: São Paulo
SPB: Sistema de Pagamento Brasileiro
SPPC: Secretaria de Políticas de Previdência Complementar
STF: Superior Tribunal Federal
STJ: Superior Tribunal de Justiça
SUS: Sistema Único de Saúde
SUSEP: Superintendência de Seguros Privados
SVS: *Superintendencia Valores y Seguros*
TCU: Tribunal de Contas da União
TED: Transferência Eletrônica de Dados
UE: União Europeia
UF: Unidades de Fomentos
UFRGS: Universidade Federal do Rio Grande do Sul
UIM: *Underinsured Motorists* (motoristas assegurados abaixo do necessário)
UIT: Unidad Impositiva Tributária
UM: *Uninsured Motorist* (motorista sem seguro)
VUM: *Vehicles Uninsured Motorist* (motoristas de veículos não segurado)

APRESENTAÇÃO

Sob a coordenação do Professor Antonio José Maristrello Porto, o Centro de Pesquisa em Direito e Economia da Escola de Direito em conjunto com o Centro de Estudos em Regulação e Infraestrutura nos trazem no presente livro o que esperamos seja apenas a primeira dentre uma série de estudos sobre mecanismos de seguros no Brasil. No caso em tela, a análise versa sobre o Seguro de Danos Pessoais Causados por Veículos Automotores de Vias Terrestres – o Seguro DPVAT. Criado em 1974, o referido instrumento substitui ao seguro de responsabilidade civil RCOVAT, criado em 1966.

Após uma seção introdutória, o primeiro capítulo apresenta a evolução do seguro obrigatório de trânsito. As múltiplas revisões dos mecanismos e da própria partição evidenciam um processo ainda não maduro. Alguns questionamentos naturalmente emergem com relação à eficácia e eventuais desvios na alocação dos recursos, a serem direcionados para financiar também parte despesas com assistência médico-hospitalar e com educação para o trânsito. Mostra-se também como evoluiu a governança para tratar dos recursos a cobertura do próprio sistema do seguro DPVAT, com a constituição do Consórcio DPVAT, constituído para administrar o seguro obrigatório de trânsito no Brasil.

A evolução do DPVAT enquanto instrumento jurídico é objeto de descrição de algo detalhado no segundo capítulo, ao passo que, no capítulo três, é descrita a administração do seguro por um consórcio – o Consórcio DPVAT – com destaque para a evolução deste processo e, como a legislação veio a instituir a figura da Seguradora Líder, administradora do Consórcio DPVAT. Interessante observar que, desde 1986, a gestão do consórcio se dá em regime de monopólio por conjunto de entidades seguradoras, sendo facultada a entrada ou ingresso de novas sociedades seguradoras mediante processo também regulamentado.

Outro tema importante reportado no presente estudo é a distribuição dos recursos arrecadados por meio da cobrança dos prêmios entre: a entidade gestora do seguro DPVAT, que deve também ter cobertas suas despesas administrativas; os recursos destinados ao Fundo Nacional de Saúde para financiar o Sistema Único de Saúde – SUS; e também ao Denatran, visando neste caso promover educação e prevenção de acidentes de trânsito.

Uma análise crítica desse processo permite identificar que os recursos arrecadados em muito extrapolam valores destinados ao conjunto das indenizações – à exceção de um ano, mas principalmente despesas do sistema de saúde com acidente sinistro de trânsito. Mesmo no caso do Denatran, as atividades de educação que objetivem prevenir acidentes de trânsito recebem parcela muito inferior dos repasses da arrecadação. No caso específico do Denatran, existe um agravante, que é o contingenciamento de cerca de 80% do valor destinado a entidade para fazer frente às responsabilidades relativas ao seguro obrigatório.

O presente livro é também bastante elucidativo com relação à estrutura subjacente a administração e regulação do seguro DPVAT, discutindo se o papel do Conselho Nacional de Seguros Privados e da Superintendência de Seguros Privados – SUSEP –, órgão responsável pelo controle e fiscalização dos mercados de seguro.

No que toca à regulação, o capítulo quatro avalia um conjunto de objetivos regulatórios subjacentes ao seguro DPVAT. Trata-se de buscar elementos que permitam identificar em que medida os objetivos como a indenização das vítimas, o ressarcimento das despesas do SUS, a internalização das externalidades causadas e a diminuição de acidentes no trânsito são ou têm sido alcançados ao longo do tempo. Infelizmente as repostas não são animadoras. Nesse contexto, o presente estudo tem o mérito de apontar caminhos para aperfeiçoar o instrumento de seguro obrigatório. E o capítulo cinco então traz referências de como instrumentos com este objetivo têm sido implantados em diversos países ou regiões do mundo. Trata-se, portanto, de um estudo e investigação extremamente valiosos para que se possa compreender como aperfeiçoar mecanismo tão relevante, cuja importância é evidenciada pelo crescente número de acidentes no trânsito, sob a ótica dos prejuízos para a sociedade, para além das vultosas cifras arrecadadas.

A Fundação Getúlio Vargas, através do Centro de Pesquisa em Direito e Economia nos traz, portanto, através deste livro uma importante contribuição que permite elucidar aspectos importantes do seguro DPVAT. Esperamos que esta seja apenas uma primeira dentre muitas iniciativas que permitam ampliar a compreensão do instrumento de seguros do Brasil. Pavimenta-se assim o caminho para seu aperfeiçoamento, e com ganhos em sua capacidade de incentivar redução no volume de acidentes de trânsito que tantos custos – pecuniários e não, causam à sociedade.

Boa leitura!

Joisa Dutra

1. CONSIDERAÇÕES INTRODUTÓRIAS SOBRE O SEGURO DPVAT

DANIELLE BORGES
DANIELLE DUARTE

1.1. OBJETIVOS REGULATÓRIOS DO SEGURO OBRIGATÓRIO DE TRÂNSITO NO BRASIL

O último Relatório Global de Segurança no Trânsito divulgado pela Organização Mundial de Saúde – OMS – indicou que acidentes rodoviários provocam anualmente a morte de mais de 1,2 milhões de pessoas nas estradas do mundo e ferimentos não fatais em cerca de 50 milhões de vítimas, que precisam suportar e conviver com as sequelas por um longo período de tempo.

Esses números impõem um crescente impacto sobre o desenvolvimento econômico de diversos países, afetando significativamente sistema previdenciário, saúde e capacidade produtiva da população, etc. A OMS estima que os acidentes automobilísticos causem cerca 3% de perdas econômicas ao Produto Interno Bruto Global (WHO, 2015).

Diante desse cenário assolador, verificado inicialmente em 2009, a Assembleia Geral das Nações Unidas aprovou, em 2010, a Resolução 64/255, estabelecendo a Década de Ação pela Segurança no Trânsito 2011-2020, com o objetivo de reduzir e estabilizar o número de mortes provocadas pelo tráfego rodoviário. Para tanto, foram assinaladas cinco soluções consideradas efetivas e de baixo custo a serem implementadas pelos países: (i) gerenciamento de segurança rodoviária; (ii) mobilidade mais eficiente e maior segurança nas rodovias; (iii) veículos mais seguros; (iv) rodovias mais seguras para os usuários; e (v) melhor resposta pós-acidente com atendimento hospitalar mais eficiente.

Não obstante as medidas indicadas para promoção da segurança viária, diversos países adotam, há algum tempo, mecanismos de solidariedade social para mitigar os custos decorrentes dos acidentes provocados pelo tráfego de veículos automotores, dentre os quais o seguro obrigatório de trânsito é o mais comumente utilizado.

No Brasil, esse instrumento foi instituído há 50 anos, com a publicação do Decreto-Lei n° 73 de 21 de novembro de 1966, que impôs ao proprietário de veículo automotor a contratação de um seguro de responsabilidade civil para garantir os danos provocados por seu uso e circulação (RCOVAT). No entanto, à época, vigorava o Código Civil de 1916, que vinculava o instituto da responsabilidade civil à teoria da culpa, razão pela qual considerou-se que um seguro com estas características não atenderia o objetivo para o qual foi criado. Assim, pouco menos de dez anos após sua criação, foi substituído pelo atual Seguro DPVAT – Lei n° 6.194 de 1974.

Mas o que é o Seguro DPVAT? Quais são seus objetivos regulatórios? Uma resposta simples e objetiva seria dizer que se trata de um seguro compulsório imposto aos proprietários de veículos automotores que visa garantir uma compensação mínima às vítimas de acidentes automobilísticos.

Doutrina e jurisprudência, de um modo geral, são pacíficas no reconhecimento da função social desempenhada pelo Seguro DPVAT na proteção das vítimas de acidentes de trânsito. Por outro lado, as principais controvérsias envolvendo esse seguro cogente dizem respeito à natureza jurídica dos recursos bilionários arrecadados com os prêmios pagos pelos proprietários de veículos automotores, pelo fato de estes terem destinações outras, além daquelas necessárias ao pagamento de indenizações às vítimas ou aos seus beneficiários.

Duas correntes antagônicas podem ser destacadas. De um lado, entende-se que os recursos arrecadados com o Seguro DPVAT tem a natureza jurídica privada; de outro, defende-se sua natureza de contribuição parafiscal, ou seja, pública.

Preliminarmente, é importante esclarecer que o total dos recursos arrecadados do Seguro DPVAT é repartido por lei em três grupos de repasses, conforme demonstra o Decreto n° 2.867 de 1998. De acordo com o artigo 1° do referido normativo, 45% destina-se ao Sistema Único de Saúde (SUS), 5% ao Departamento Nacional de Trânsito (DENATRAN) e os 50% restantes são entregues à gestora do Consórcio DPVAT,[1]

---

1   O funcionamento do Consórcio DPVAT será apresentado em maiores detalhes nos capítulos seguintes.

na forma da regulamentação vigente, isto é, na forma determinada pelo Conselho Nacional de Seguros Privados (CNSP).

O atual Ministro do Supremo Tribunal Federal (STF) Luis Roberto Barroso, em parecer emitido ao mercado de seguros (PEREIRA FILHO, 2013), defende que o Seguro DPVAT possui uma natureza jurídica dúplice, isto é, pública e privada, a depender da parcela de recursos considerada na análise (BARROSO, 2013).

Melhor explicando: Barroso afirma que a parcela dos recursos destinada ao SUS e ao DENATRAN teria natureza pública, pois o Estado figura em um dos polos da relação jurídica e esta teria o objetivo predominante de proteção ao interesse público. No entanto, segundo o autor, a outra metade dos recursos tem natureza privada, pois, embora a contratação do Seguro DPVAT seja compulsória, o interesse tutelado pela relação jurídica entre seguradora e proprietários de veículo automotor seria dos próprios envolvidos, como ocorreria, por exemplo, com os demais seguros obrigatórios (obra citada).

De outro bordo, conforme entendimento firmado pela Procuradoria Federal junto à Superintendência de Seguros Privados (SUSEP), órgão fiscalizador do Sistema Nacional de Seguros Privados (SNSP), o Seguro DPVAT teria natureza jurídica de contribuição parafiscal. Segundo, o então Procurador-Chefe daquela especializada, Bruno Perrut Ferreira,[2] em virtude das "peculiaridades decorrentes da intervenção estatal" e "em função da inexistência de qualquer espaço para a atuação do Princípio da Autonomia das Vontades", o Seguro DPVAT afastar-se-ia da noção clássica de contrato. Para o autor, a parafiscalidade atribuída a esse seguro seria semelhante àquela que ocorre no âmbito da seguridade social (FERREIRA, 2014).

Não se deve olvidar que o proprietário de veículo automotor é obrigado a contratar o seguro com um consórcio de seguradoras. Em outras palavras, o seguro é ofertado em regime de monopólio não havendo, portanto, liberdade de escolha para aquele em quem recai o dever de contratar.

---

2   Procurador-Chefe da Susep, no período de período de 31/08/2011 (Portaria Casa Civil nº 1363, de 30/08/2012, D.O.U., Seção II, p. 1) a 26/05/2014 (Portaria Casa Civil nº 02, de 29/01/1988, Seção II, p. 1007). Importante frisar que autor exerce esta função pública quando da publicação do artigo.

Com efeito, o Ministério Público Estadual em Montes Claros (MPE/MG) e a Polícia Federal no bojo da investigação "Tempo de Despertar", deflagrada em abril de 2015,[3] assim como o Tribunal de Contas da União (TCU),[4] destacam que o modo de remuneração das entidades que compõem o Consórcio DPVAT não incentivaria a eficiência administrativa. A afirmativa decorre do entendimento de que, ao se estabelecer um percentual fixo sobre o total da arrecadação do seguro para fins de remuneração das consorciadas, estas ganhariam tanto mais quanto fosse gasto na gestão dos recursos.

O fato é que, a depender de qual seja a interpretação adotada, poderá haver relevantes impactos nos objetivos regulatórios almejados pela política pública que instituiu esse instrumento de solidariedade social.

Assim, caso se entenda por sua natureza pública, o Estado, leia-se órgão regulador, teria ingerência para glosar os custos tidos por desnecessários ou onerosos, realizados na gestão do Consórcio. Contrariamente, se dada a interpretação de que os recursos arrecadados com o Seguro DPVAT têm natureza privada, as entidades que o administram poderão dispor livremente destes. Ocorre que, em qualquer das duas hipóteses, o eventual aumento de custo operacional (por exemplo, despesas administrativas ou despesas inerentes ao pagamento das indenizações), reflete-se na necessidade de aumento de prêmios a serem suportados integralmente pelos proprietários de veículo automotor.

Seguindo em frente, para compreensão de quais sejam os reais objetivos regulatórios do Seguro DPVAT importa ter em mente a doutrina de Ascarelli (2008). De acordo com o autor, a despeito de quais sejam as justificativas originárias de um determinado instituto, sua evolução permite a assunção de novas funções e aplicações, ainda que sejam preservadas algumas de suas características primitivas.

Importante salientar que a clara identificação dos objetivos de uma determinada política regulatória, bem como a correta dimensão do alcance de cada um desses objetivos, possibilita uma constante avaliação da conveniência de sua manutenção nos moldes originariamente propostos ou de sua substituição, com a realocação dos recursos de modo a maximizar o bem-estar social da coletividade. Por esse motivo, a Organização

---

3 Disponível em: <http://www.hojeemdia.com.br/noticias/com-falsificac-o-de-documentos-quadrilha-desviava-cerca-de-r-1-bilh-o-do-dpvat-1.311423>. Acesso em: 15 de agosto de 2016.

4 Acórdão nº 3130/2011 – TCU Plenário, de 30/11/2011.

para a Cooperação e Desenvolvimento Econômico (OCDE, 2012) considera a regulação como um dos principais instrumentos utilizados pelos governos para promover o desenvolvimento econômico e social.

Com efeito, considerando os 3 grupos repasses de recursos do Seguro DPVAT mencionados anteriormente, é possível depreender, ainda que indiretamente, os objetivos regulatórios que lhes deu ensejo.

Frise-se que inexiste uma hierarquia de importância entre os objetivos que serão demonstrados a seguir, a despeito de sua ordem cronológica de instituição.

O primeiro objetivo que se pode destacar refere-se à destinação de 45% de recursos ao SUS, que teria por finalidade subsidiar o sistema público de saúde no atendimento das vítimas de acidentes rodoviários. Esse repasse teve origem um acordo firmado, em 1986, entre o Convênio DPVAT, primeiro modelo de gestão coletiva do Seguro DPVAT, o Instituto de Resseguros do Brasil (IRB) e o Instituto Nacional de Assistência Médica da Previdência Social (INAMPS), conforme se demonstrará no Capítulo 2.

O acordo previa o repasse de 20% dos recursos do Seguro DPVAT ao sistema de saúde pública. Esse repasse ganhou o *status* legal, em 1987, com a promulgação da Lei n° 7.604, quando foi o percentual de repasse foi majorado para 30%, sem qualquer demonstração de aumento correspondente nas despesas com atendimento das vítimas de acidentes de trânsito pelo Inamps. Posteriormente, com o advento da Lei n° 8.212/1991, esse repasse chegou a 50% do total dos recursos arrecadados, tendo perdurado até a 1997. No entanto, conforme se verificará no Capítulo 3, menos de 10% desse repasse é gasto com despesas relacionadas às vítimas de acidentes de trânsito, o que traz a reflexão acerca da necessidade de sua manutenção da forma como implementada.

Outro objetivo regulatório a ser destacado seria aquele concernente ao financiamento de políticas de educação e prevenção de acidentes automobilísticos, criado pelo Código de Trânsito Brasileiro (CTB) – Lei n° 9.503, de 1997. A partir da promulgação desse diploma, 5% do total de prêmios arrecadados com os prêmios do Seguro DPVAT passaram a ser destinados ao DENATRAN.

Pertinente mencionar, no entanto, que desde sua instituição os valores destinados ao atendimento do objetivo regulatório mencionado no parágrafo anterior têm sido contingenciados. Situação que resultou no ajuizamento de uma Ação Civil Pública pelo Ministério Público Federal em face da União, visando à restituição dos recursos contingenciados, atualizados monetariamente, ao FUNSET, gerido pelo DENATRAN. Após deferimento do pedido nas instâncias inferiores, a demanda foi encaminhada ao Superior Tribunal de Justiça (STJ), na forma do Recurso Especial nº 1453563/SP, que se encontra pendente de julgamento.

O terceiro grupo de repasse, disciplinado na forma que dispõe o CNSP é integralmente repassado à entidade gestora do Consórcio DPVAT. Todavia, a Resolução nº 332, de 2015, daquele Conselho determina expressamente a forma de particionamento dos 50% dos recursos restantes, que, em 2015, correspondeu a mais de R$ 4,3 bilhões.[5]

A destinação de metade dos recursos arrecadados para o pagamento de cobertura indenizatória às vítimas de danos pessoais provocados por acidentes automobilísticos, que resultem em morte ou invalidez permanente, seja ela total ou parcial, e reembolso para despesas médicas e suplementares, confirma a finalidade compensatória do Seguro DPVAT.

Por outro lado, um repasse que integra esse grupo de destinações e reforça o questionamento quanto à sua necessidade, refere-se à comissão de corretagem paga por aqueles que são legalmente obrigados a contratar o seguro. Esse repasse corresponde a 0,7% do total de prêmios arrecadados com o Seguro DPVAT, conforme dispõe o artigo 49 da Resolução CNSP nº 332 de 2015, ou, cerca de R$ 60 milhões,[6] sem que haja qualquer contraprestação em serviços[7] àquele que paga o prêmio do seguro ou àquele que recebe a indenização. Não obstante o artigo 46 do normativo faculte o pagamento de comissão de corretagem às categorias de veículos de transporte coletivo, o percentual correspondente a estas categorias já se encontra inserido no cálculo de repasse, conforme se verifica na tabela do artigo 49.

Uma análise pormenorizada dos objetivos regulatórios do Seguro DPVAT pode demonstrar, por exemplo, a necessidade de identificação de uma série de possíveis alternativas que resultem em uma alocação mais eficiente dos recursos arrecadados com os prêmios desse seguro.

---

5   Conforme dados constantes no sítio eletrônico da Seguradora Líder do Consórcio do Seguro DPVAT. Disponível em: <http://www.seguradorlider.com.br/Pages/Desempenho-DPVAT-completo-2015-premios.aspx>. Acesso em: 15 de agosto de 2016.
6   Valor estimado com base na arrecadação bruta do ano de 2015.
7   Saliente-se que este valor não se confunde com aquele eventualmente pago aos corretores de seguros que participem do Programa Parceiro DPVAT, promovido pela entidade gestora, abordado no Capítulo 3.

Nesse trabalho, serão abordados, de forma descritiva, aspectos concernentes a um dos objetivos desse seguro: seu papel como instrumento de reparação às vítimas de acidentes automotivos.

1.2. NOÇÕES DE RESPONSABILIDADE CIVIL E O PAPEL DO DPVAT

1.2.1. Responsabilidade subjetiva e objetiva

Como já visto no início deste livro, o Seguro DPVAT tem como um de seus objetivos indenizar as vítimas de acidentes causados por veículos automotores. Ao instituir um mecanismo de reparação às vítimas, o Seguro DPVAT acaba por inserir-se dentro da temática da responsabilidade civil.

A ideia de responsabilidade é inerente ao Direito, pois a existência de preceitos normativos faz com que surja a responsabilidade para aqueles que violam os preceitos vigentes (MIRAGEM, 2014). Sucintamente, pode-se dizer que um sistema de responsabilidade civil visa, primordialmente, criar regras sobre a obrigação de indenizar a vítima, de forma que o causador do dano responderá com seu patrimônio pelos prejuízos que lhe são imputados. Dentro da disciplina do Direito Civil, a responsabilidade civil se situa no direito das obrigações. Entretanto, por ser um mecanismo de reparação na esfera privada, ela perpassa por outras áreas, como o Direito Empresarial e o Direito do Trabalho, por exemplo.

Tendo em vista que o Seguro DPVAT se relaciona com vítimas de acidentes com veículos automotores, faz-se necessário traçar uma breve análise sobre as regras de responsabilidade civil no trânsito. Nesse sentido, é importante demonstrar sucintamente os conceitos de responsabilidade subjetiva e objetiva, além de seus respectivos fundamentos.

Tanto na responsabilidade subjetiva quanto na objetiva três elementos são necessários para que surja o dever de indenizar: 1) conduta do agente; 2) dano; e, 3) nexo de causalidade entre a conduta e o dano. Entretanto, o elemento que irá diferenciar as duas é a culpa. Assim, enquanto na responsabilidade subjetiva o juiz deverá analisar a culpa do agente, na responsabilidade objetiva o elemento culpa é dispensado, bastando haver uma conduta que infrinja um preceito normativo.

O fundamento para adoção da responsabilidade objetiva é a Teoria do Risco, concebida na França, no final do século XIX. De acordo com tal teoria, aquele que aceita desenvolver atividade arriscada responde pelos danos desta decorrente. Assim, enquanto a culpa é o fundamento da responsabilidade subjetiva, isto é, ligada à atividade do homem, o risco por outro lado, está vinculado à atividade decorrente do serviço, à máquina ou coisa, filia-se ao caráter impessoal e objetivo que o caracteriza.

Outra teoria que se torna de fundamental importância no contexto do DPVAT, é a Teoria do Risco Integral. Essa doutrina é tida como uma corrente extrema da Teoria do Risco, na qual não apenas a culpa é dispensada da análise de responsabilidade, mas também, o nexo causal. O nexo causal é caracterizado pela relação de causa e efeito entre o comportamento do agente e a lesão. Em outras palavras, conforme tal preceito, para que ocorra o dever de indenizar, basta apenas que sobrevenha o dano, não importando se o fato é de culpa exclusiva da vítima, fato de terceiro, caso fortuito ou força maior. Destaca-se que, mesmo diante da responsabilidade objetiva, apesar de não ser necessário o exame de culpa, a relação de causalidade é imprescindível para a responsabilização do agente.

A partir da adoção do Código Civil (CC) de 2002, ocorreu uma modificação na disciplina da responsabilidade civil. O Código Civil de 1916 adotava uma linha subjetivista, diferente do Código atual que prestigiou uma visão "objetivista". Apesar disso, não é correto afirmar que o Código Civil de 2002 afastou completamente a responsabilidade subjetiva. Dessa maneira, se o atual Código adota um sistema predominantemente vinculado à responsabilidade objetiva, a responsabilidade subjetiva continua sendo a regra geral e será adotada sempre que não houver disposição legal expressa impondo a aplicação da responsabilidade objetiva.

As regras gerais sobre responsabilidade civil estão previstas no artigo 927 do atual Código Civil. Enquanto a cláusula geral de responsabilidade subjetiva está prevista no *caput* do artigo 927, a de responsabilidade objetiva está prevista no parágrafo único do mesmo dispositivo.

Salienta-se que o artigo 927 do Código Civil, por si só, é um dispositivo incompleto, uma vez que ele faz remissão expressa ao artigo 186 do mesmo diploma legal. Este último dispositivo reproduz quase integralmente o artigo 159 do Código Civil de 1916. Porém, sua parte final traz uma relevante alteração. O artigo 159 previa que: "Aquele que, por ação ou omissão voluntária, negligência ou imprudência, violar direito e causar dano a outrem, ainda que exclusivamente moral, fica obrigado a reparar o dano". Já o dispositivo supracitado de 2002 é redigido da seguinte forma: "Aquele que, por ação ou omissão voluntária, negligência ou imprudência, violar direito e causar dano a outrem, ainda que exclusivamente moral, comete ato ilícito".

Ressalta-se, ainda, a preferência do legislador ao tratar da responsabilidade objetiva, uma vez que este instituto está presente em diversos artigos do atual código, tais como abuso do direito (artigo 187), danos causados por produtos (artigo 931), responsabilidade pelo fato de outrem (artigo 932, combinado com o artigo 933) e responsabilidade pelo fato da coisa e do animal (artigos 936, 937 e 939). Esse rol de artigos relacionados à responsabilidade objetiva é tão extenso que Cavalieri (2012, p. 170) afirma que "muito pouco sobrou para a responsabilidade subjetiva".

Na verdade, a mudança em direção à responsabilidade objetiva nada mais foi do que uma resposta do ordenamento jurídico ao progresso tecnológico da sociedade, que passou a gerar cada vez mais riscos para os indivíduos. Assim, desde sua origem na *Lex Aquilia*, as regras de responsabilidade civil nos diversos sistemas jurídicos mundiais adaptaram-se a fim de acomodar as novas situações causadoras de danos devido às novas máquinas, às invenções e ao próprio aumento da população mundial e da urbanização.

Além da adoção de regras referentes à responsabilidade objetiva, a evolução da responsabilidade civil fez com que os ordenamentos jurídicos passassem também a prever outros mecanismos que permitissem a indenização das vítimas em caso de danos. Assim, dentro destas novas tendências da responsabilidade civil (SCHEREIBER, 2013), temos os mecanismos de socialização dos riscos e é nesse contexto que se insere o Seguro DPVAT. Nesse sentido, Cavalieri Filho (2012) afirma que não apenas pelo montante da indenização, mas, também, pela falta de patrimônio por parte daquele que causou o acidente, é que se torna importante a socialização do prejuízo, para que seja garantida ao menos alguma indenização às vítimas. Assim, a responsabilidade passa a ter como enfoque a vítima e a reparação do dano, não mais o indivíduo responsável pela lesão.

A evolução do sistema de responsabilidade civil fez com que, ao longo do tempo, o gerenciamento do estado de incerteza em relação aos riscos da sociedade ganhasse espaço. Dessa maneira, o princípio da precaução contribuiu para o debate sobre o gerenciamento desses riscos. Diferentemente da prevenção, que se refere ao gerenciamento do risco certo que se deseja evitar, a precaução diz respeito à administração dos riscos tidos como incertos, e que na dúvida de sua ocorrência ou não se deseja evitar. Dessa forma, Cavalieri (2012, p. 166) afirma que "em última instância, a precaução na responsabilidade civil representa a passagem de um sistema repressivo para um proativo, preventivo, que se antecede à ocorrência de danos".

De uma forma geral, dentro de uma sociedade onde o risco da ocorrência de acidentes específicos se intensifica, a responsabilidade civil passa a se importar cada vez mais com a indenização da vítima, de tal maneira que os danos necessitam ser garantidos pela coletividade. Assim, esta "coletivização da responsabilidade" permite que, em casos excepcionais, institua-se um segurador universal que será responsável por todos os danos consumados em certo setor da vida social. Esta função de segurador universal é justamente a que cabe ao consórcio do Seguro DPVAT em caso de vítimas de acidente de trânsito, como se verá a seguir.

1.2.2. A responsabilidade civil no trânsito no Brasil

Como mencionado anteriormente, a responsabilidade civil ganhou importância em razão do progresso tecnológico e dos riscos cada vez maiores da vida em sociedade. Com o avanço da indústria automotiva, acidentes no trânsito passaram a ser uma realidade cada vez mais frequente na vida das pessoas, de tal maneira que a demanda por alguma regulação e a coletivização dos riscos de acidentes passaram a ser uma necessidade.

Com esse novo pleito da sociedade, o seguro obrigatório automotivo surge, no Brasil, na década de 60. Nesse sentido, é importante observar que se fez presente no cenário da época uma grande expansão da indústria automobilística no país. Em consonância com essa expansão da indústria, ocorreu também um aumento do número de acidentes. Assim, esse mecanismo é criado diante da crescente demanda da sociedade para que fossem reguladas tais relações de trânsito e para que fossem criados mecanismos jurídicos de proteção às vítimas.

O atual modelo de responsabilidade civil do DPVAT foi iniciado em 1969, ainda sob a vigência do RCOVAT, com a edição do Decreto Lei 814 (artigo 5°), que passou determinar a adoção da Teoria do Risco Integral. No entanto, em razão da vigência do Código Civil de 1916, doutrina e jurisprudência ainda entendiam recair sobre a vítima, ou seu beneficiário, o ônus de comprovar a culpa do causador do dano pelo acidente de trânsito.

Essa sistemática da Teoria do Risco Integral no âmbito do seguro obrigatório de trânsito passou a ser efetivamente adotada a partir da edição da Lei n° 6.194/1974, que transformou o seguro cogente de responsabilidade civil em um seguro de danos pessoais, à semelhança dos seguros de acidentes pessoais.

A partir da adoção da Teoria do Risco Integral, a realização do pagamento indenizatório passou a ser devida independente das excludentes do nexo de causalidade, como o caso fortuito, força maior ou culpa exclusiva da vítima. Assim, apenas a ocorrência do acidente seria suficiente para que a vítima tivesse direito a receber uma verba indenizatória do seguro.

Essa alteração na legislação aconteceu em um contexto em que muitas vítimas ficavam desamparadas com o sistema de responsabilidade subjetiva, por terem que comprovar a culpa do agente causador do dano, uma vez que em boa parte dos acidentes de trânsito o culpado não era identificado, o que impossibilitava a correta responsabilização das partes envolvidas.

De uma maneira geral, o trânsito é considerado uma atividade de risco na atualidade. Mesmo assim, a regra será a de aplicação da responsabilidade subjetiva, ressalvadas as hipóteses de aplicação da disciplina consumerista ou da cláusula geral de responsabilidade objetiva do CC.

Como já mencionado, existe uma forte convergência à coletivização da responsabilidade, de forma que foi concretizada uma cobertura universal e prática, às pessoas sujeitas a riscos de danos no trânsito. Essa concretude, no que se refere ao DPVAT, foi versada pelo artigo 788 do Código Civil de tal forma: "Nos seguros de responsabilidade legalmente obrigatórios, a indenização por sinistro será paga pelo segurador diretamente ao terceiro prejudicado".

Ressalte-se que o artigo 788 abrange as indenizações por morte, por invalidez permanente, total ou parcial, e ainda as despesas decorrentes de assistência médicas e suplementares. Com isso, ficou clara a escolha do legislador em garantir a cobertura objetiva e genérica do seguro.

No entanto, deve-se salientar que o mero pagamento do benefício por parte das seguradoras não esgota necessariamente o conflito entre as partes envolvidas no acidente. O limite da indenização é restrito ao pagamento de R$ 13.500,00, no caso de morte, por parte do Consórcio DPVAT. Porém, isso não impede que a vítima ou seus familiares busquem indenização contra o causador da lesão para além do assegurado pelo Seguro DPVAT, com base nas regras de responsabilidade civil, tendo em vista o princípio da reparação integral.

A indenização do Seguro DPVAT será feita independentemente da averiguação de culpa. Superado esse limite, o excedente poderá ser pleiteado judicialmente, aplicando-se a regra da responsabilidade subjetiva, como anteriormente relatada, no caso de acidente que envolva veículos automotivos privados, ou a regra da responsabilidade objetiva, no caso de veículos que envolvam alguma atividade de cunho específico.

O seguro obrigatório implica uma responsabilidade social, de modo que, mesmo em uma situação de não identificação do agente determinante para a ocorrência do acidente, a vítima deverá ser indenizada pela simples prova do nexo causal do dano com o acidente automobilístico. No mesmo sentido, ainda em caso de inadimplemento do segurado, a seguradora não poderá deixar de cobrir a vítima ou seus familiares quando demandada. Assim, conforme já sumulado pelo STJ, em sua Súmula 257: "A falta de pagamento do prêmio do seguro obrigatório de Danos Pessoais Causados por Veículos Automotores de Vias Terrestres (DPVAT) não é motivo para a recusa do pagamento da indenização".

No caso em questão, a sanção do causador do acidente pelo inadimplemento do seguro obrigatório será ditada pelo disposto no artigo 788 do Código Civil, que afirma em seu parágrafo único que: "Demandado em ação direta pela vítima do dano, o segurador não poderá opor a exceção de contrato não cumprido pelo segurado, sem promover a citação deste para integrar o contraditório". Assim, o artigo deixa claro que para fins de ressarcimento da seguradora em sede de direito regresso à indenização que houver pagado, a seguradora deverá cobrar do causador do dano esse valor, não importando se a vítima está inadimplente ou não com o seguro obrigatório, a exceção de contrato não deverá ser cobrada dessa.

Por outro lado, o causador do acidente condenado a pagar por danos patrimoniais e morais, ressarcindo a vítima ou o seguro, poderá abater do montante indenizatório o valor que o autor da ação obteve com o pagamento do DPVAT. Esse tema, também, já foi matéria de uma súmula, conforme entendimento do STJ em sua Súmula 246, que dispõe: "O valor do seguro obrigatório deve ser deduzido da indenização judicialmente fixada".

Vê-se, portanto, que o tipo de responsabilização regulada pelo Seguro DPVAT é pautado em um modelo de socialização dos riscos, de modo a considerar para sua elaboração a Teoria do Risco Integral. Esse tipo de instrumento permite, portanto, que a vítima seja ressarcida de alguma forma, mesmo diante da dificuldade de se identificar o causador do dano, uma realidade presente em parte dos acidentes de trânsito.

REFERÊNCIAS

ASCARELLI, Tullio. O negócio indireto. In: *Problemas das sociedades anônimas e direito comparado.* São Paulo: Quorum, 2008.

BARROSO, Luís Roberto. Seguro DPVAT – Natureza Jurídica dos recursos que o custeiam. In: *DPVAT: um seguro em evolução.* Rio de Janeiro: Renovar, 2013, p. 99-130.

BRASIL. Código Civil. Lei nº 10.406, de 10 de janeiro de 2002. Institui o Código Civil. Disponível em: <http://www.planalto.gov.br/ccivil_03/leis/2002/L10406.htm>. Acesso em: 28 de julho de 2016.

BRASIL. Conselho Nacional de Seguros Privados. *Resolução CNSP nº 332, de 09 de dezembro de 2016.* Dispõe sobre os danos pessoais cobertos, indenizações, regulação dos sinistros, prêmio, condições tarifárias e administração dos recursos do Seguro Obrigatório de Danos Pessoais Causados por Veículos Automotores de Via Terrestre, ou por sua Carga, a Pessoas Transportadas ou não – Seguro DPVAT. Disponível em: <http://www2.susep.gov.br/bibliotecaweb/docOriginal.aspx?tipo=1&codigo=36999>. Acesso em: 27 de julho de 2016.

BRASIL. *Decreto nº 61.867, de 11 de dezembro de 1967.* Regulamenta os seguros obrigatórios previstos no artigo 20 do Decreto-lei nº 73, de 21 de novembro de 1966, e dá outras providências. Disponível em: <http://www.planalto.gov.br/ccivil_03/decreto/1950-1969/d61867.htm>. Acesso em: 27 de julho de 2016.

BRASIL. *Decreto-Lei nº 73, de 21 de novembro de 1966.* Dispõe obre o Sistema Nacional de Seguros Privados, regula as operações de seguros e resseguros e dá outras providências. Disponível em: <http://www.planalto.gov.br/ccivil_03/decreto/1950-1969/d61867.htm>. Acesso em: 27 de julho de 2016.

BRASIL. Tribunal de Contas da União. *Acórdão nº 3130/2011 – TCU-Plenário*, Rel. Min. Valmir Campelo, sessão 30.11.2011. Disponível em: <https://contas.tcu.gov.br/juris/Web/Juris/ConsultarTextual2/Jurisprudencia.faces?colegiado=PLENARIO&anoAcordao=2011&numeroAcordao=3130&>. Acesso em: 16 de agosto de 2016.

CAVALIERI FILHO, Sérgio. *Programa de responsabilidade civil.* 10. ed. Revista e Ampliada. São Paulo: Atlas, 2012.

CORRÊA, André Rodrigues. *Solidariedade e Responsabilidade: o tratamento jurídico dos efeitos da criminalidade violenta no transporte público de pessoas no Brasil.* São Paulo: Saraiva, 2009.

CRETELLA JUNIOR, J. *Comentários a Constituição Brasileira de 1988*. Volume II. 2ª Edição. Rio de Janeiro: Forense Universitária, 1993.

Duarte, Danielle Cavalcante. *Conflito de agência no consórcio DPVAT: uma análise à luz da nova economia institucional sob a perspectiva da teoria da agência*. Dissertação de mestrado do curso Direito da Regulação da Fundação Getúlio Vargas. Rio de Janeiro: 2016.

FARIAS, Cristiano Chaves de; NETTO, Felipe Peixoto Braga; ROSENVALD, Nelson. *Novo tratado de Responsabilidade Civil*. 1. Ed. São Paulo: Atlas, 2015.

FERREIRA, Bruno Perrut. Considerações acerca da natureza jurídica do seguro DPVAT – Seguro de Danos Pessoais Causados por Veículos Automotores de via Terrestre. In: **Âmbito Jurídico**, Rio Grande, XVII, n. 122, mar 2014. Disponível em: <http://ambito-juridico.com.br/site/?n_link=revista_artigos_leitura&artigo_id=14506>. Acesso em: 27 de julho de 2016.

MIRAGEM, Bruno. *Direito Civil – Responsabilidade Civil*. 5. Ed. São Paulo: Saraiva, 2015.

OCDE. *Recomendação do Conselho sobre Política Regulatória e Governança – 2012*. Disponível em: <http://www.oecd.org/gov/regulatory-policy/Recommendation%20PR%20with%20cover.pdf>. Acesso em: 27 de julho de 2016.

PEREIRA FILHO, Luiz Tavares. Introdução/Apresentação – DPVAT: um seguro em evolução. In: *DPVAT: um seguro em evolução*. Rio de Janeiro: Renovar, 2013. p. 01-37.

SCHREIBER, Anderson. Novas tendências da responsabilidade civil. In: *Direito Civil e Constituição*. São Paulo: Atlas, 2013. pp. 151-172.

WHO. *Global status report on road safety 2015*. Disponível em: < http://www.who.int/violence_injury_prevention/road_safety_status/2015/em/>. Acesso em: 15 de agosto de 2016.

2. A EVOLUÇÃO DO SEGURO OBRIGATÓRIO DE TRÂNSITO NO BRASIL[8]

DANIELLE DUARTE

2.1. O SEGURO OBRIGATÓRIO DE TRÂNSITO COMO MECANISMO DE PROMOÇÃO DA SOLIDARIEDADE SOCIAL

A existência de uma correlação diretamente proporcional entre progresso e o número de acidentes (CORRÊA; CASTELLO BRANCO, 2009, 1976) resultou na ampliação dos conflitos coletivos, impondo-se, por essa razão, a necessidade de se implementar mecanismos jurídico-institucionais capazes de minimizar os efeitos desses riscos sociais (FARIA, 2002). Diante desse cenário, o seguro[9] foi concebido como um instrumento de pulverização de riscos, como meio de reparar os danos decorrentes do desenvolvimento tecnológico (CARLINI, 2014).

Com efeito, em que pese o fato de o seguro resguardar, de um modo geral, o interesse particular daquele que o contrata, reveste-se do múnus público de viabilizar a socialização dos riscos a que se encontra sujeito tal indivíduo, por meio do mutualismo e de outros mecanismos de ordem

---

8   O texto é uma versão revista e atualizada extraído do Capítulo 3 da dissertação de Mestrado em Direito da Regulação da autora, intitulada "Conflito de Agência no Consórcio DPVAT: uma análise à luz da Nova Economia Institucional sob a perspectiva da Teoria da Agência", apresentada à Escola de Direito Rio da Fundação Getúlio Vargas, Rio de Janeiro, 2015.

9   Alvim define seguro como sendo "a operação pela qual o segurador recebe dos segurados uma prestação, chamada prêmio, para a formação de um fundo comum [mutualidade] por ele administrado e que tem por objetivo garantir o pagamento de uma soma em dinheiro àqueles que forem afetados por um dos riscos previstos" (ALVIM, 1999. p. 64).

técnica, minimizando, assim, os efeitos de um evento futuro e incerto que lhe sobrevenha, restabelecendo o equivalente patrimonial, na hipótese de perda econômica, no caso do seguro de danos, ou assegurando a seus beneficiários um mínimo indenizatório na circunstância de seu falecimento, no seguro de pessoas.

Ocorre que na sociedade contemporânea, o Estado, ante a impossibilidade de arcar diretamente com todas as necessidades decorrentes de danos socialmente produzidos pelo progresso no convívio coletivo, impõe àqueles, cuja atividade desempenhada possa acarretar danos a terceiros, a assunção de responsabilidade pelo bem-estar dos demais membros da sociedade, como concretização do princípio da solidariedade social. Dessa forma, para a consecução de tal desiderato, o seguro obrigatório nasce como um mecanismo de que faz uso o Estado para impor responsabilidades àqueles que exerçam atividades com potencialidade de oferecer riscos a outrem.[10]

Foi o que se verificou, por exemplo, com a edição do Decreto-Lei nº 2.681/1912, que regulamentou, no início do século passado, a responsabilidade, sempre presumida, das estradas de ferro no transporte de mercadorias e de pessoas, cabendo prova em contrário nas hipóteses expressamente previstas, embora a "onda de processos indenizatórios" somente tenha tomado maiores proporções na década de 1980 (CORRÊA, 2009, p. 36).

Diante disso, em virtude do aumento do tráfego de veículos nas vias públicas, o seguro obrigatório de trânsito foi o de maior propagação em diversos países.[11] No Brasil, como já mencionado, foi positivado originariamente como seguro de responsabilidade civil dos proprietários de veículos automotores de via terrestre, ou RCOVAT, com coberturas para danos pessoais e materiais, com o advento da publicação do Decreto-Lei

---

10 Castello Branco (1976, p. 04-05) apresenta a seguinte definição para o seguro obrigatório: "uma garantia que o Governo exige para proteger as vítimas, em razão do número crescente de eventos danosos. [...] É um requisito mínimo de solidariedade, atribuído àqueles que colocam em risco a pessoa e os bens de seus semelhantes, no exercício de uma atividade, ou utilização de veículos".

11 Segundo Castello Branco (1976), a Suécia teria adotado esse seguro, de forma impositiva, desde 1925. No mesmo ano, de acordo com Ferreira (1985), a Finlândia também teria implementado o referido seguro.

nº 73/1966, de 21 de novembro de 1966, que, além de outros seguros cogentes (artigo 20), criou o SNSP (artigo 8º, redação original).

O implemento de tal mecanismo de solidariedade social deu-se num contexto de expressivo crescimento da indústria automobilística nacional, como resposta à exigência de reparação dos danos decorrentes de um aumento proporcional da intensidade do tráfego urbano e rodoviário (NEVES, 1971).[12]

Na sequência, será feita uma breve apresentação das mutações que deram ensejo às peculiaridades de que se reveste o Seguro DPVAT na atualidade, bem como o cenário em que houve a aplicação da medida regulatória que optou pela gestão dos recursos do seguro obrigatório por meio de um *pool* de seguradoras, em detrimento da livre concorrência.

Essa contextualização mostra-se relevante principalmente pelo fato de o Seguro DPVAT, em virtude de suas particularidades, repise-se, decorrentes das muitas reformas estruturais por que passou, não encontrar adequada inserção em nenhum dos ramos de seguros,[13] sendo comumente definido como um seguro de responsabilidade civil "*sui generis*" (MARTINS, 2009, p. 17) ou "atípico", de "hibridez camaleônica" (SANTOS, 2013, p. 187-190), configurando, desse modo, uma

---

12 Vale registrar que a inclusão do setor automobilístico no Plano de Metas do governo de Juscelino Kubitschek, em razão da adoção de um sistema de transporte rodoviário (em detrimento do ferroviário e do aquaviário) elevou a produção de veículos de menos de 20 mil, em 1957, para 190 mil unidades por ano, em 1962. Esse número chegou a 1 milhão de unidades/ano no fim da década de 1970 (SANTOS; BURITY, 2002). Um estudo realizado pelo IPEA, em 2003, mostrou que, segundo os indicadores de acidentes de trânsito, em 1961, houve 3.356 mortes e 23.358 pessoas ficaram feridas, ao passo que, em 1971, esses números subiram, respectivamente, para 10.692 e para 124.283. No mesmo sentido, Sabbi e Collares (1975), ao tratarem desse seguro obrigatório, chegaram a mencionar que o crescente número de acidentes trânsito nas vias públicas teria assumido um "caráter de calamidade pública".

13 "Conjunto de coberturas diretamente relacionadas ao objeto ou objetivo do plano de seguro (CIRCULAR SUSEP 395/09)". Definição consoante do glossário de seguros. Disponível em: <http://www.susep.gov.br/menu/informacoes-ao-publico/glossario>. Acesso em: 10 de janeiro de 2015.

singularidade brasileira tal qual uma "jabuticaba" (PEREIRA FILHO, 2013, p. 4-6), e tido ainda nos dias atuais como "pouco conhecido" (MENDONÇA, 2011).[14]

Daí a necessidade de uma análise não apenas estrutural, mas também funcional, tanto no que concerne a esse seguro de contratação impositiva, quanto no que se refere à gestão de seus recursos, tendo em conta que ambos são instrumentos para alcançar o fim colimado pelo ordenamento jurídico.[15] Com efeito, seria crível admitir que mesmo que um instituto jurídico mantenha sua forma originária, sua evolução, embora lenta e gradual, pode conduzi-lo, continuamente, à assunção de novas funções, como folhas que se renovam num velho tronco de um mesmo instituto (ASCARELLI, 2008).

2.2. MUTAÇÕES NA ESTRUTURA DO SEGURO OBRIGATÓRIO DE TRÂNSITO

Conforme mencionado anteriormente, o seguro obrigatório de trânsito foi instituído na sua origem como um seguro de responsabilidade civil dos proprietários de veículos automotores de via terrestre (RCOVAT). No entanto, inobstante a iniciativa no estabelecimento do seguro obrigatório de trânsito no mesmo diploma legal que instituiu o SNSP (Decreto-Lei

---

14 Em 06/05/2012, o Superior Tribunal de Justiça publicou, em seu canal de notícias, matéria especial denominada "DPVAT, o seguro obrigatório que pouca gente conhece", destacando algumas das muitas decisões importantes julgadas desde 2000. Disponível em: <http://www.stj.jus.br/sites/STJ/default/pt_BR/noticias/noticias/%-C3%9Altimas/DPVAT,-o-seguro-obrigat%C3%B3rio-que-pouca--gente-conhece. Acesso em: 24 de agosto de 2015>.

15 Nesse sentido, Bobbio apresenta uma função instrumental, promocional do direito. Segundo o autor, "O que distingue essa teoria funcional do direito de outras é que ela expressa uma concepção instrumental do direito. A função do direito na sociedade não é mais servir a um determinado fim (aonde a abordagem funcionalista do direito resume-se, em geral, a individualizar qual é o fim específico do direito), mas a de ser instrumento útil para distinguir os mais variados fins. Kelsen não se cansa de repetir que o direito não é um fim, mas um meio. Precisamente como meio ele tem a sua função: permitir a consecução daqueles fins que não podem ser alcançados por meio de outras formas de controle social" (BOBBIO, 2007, p. 57.).

nº 73/1966, artigo 20, alínea b), aquele que tinha o condão de ser uma ferramenta de reparação mínima dos danos provocados pelo tráfego de veículos automotores nas vias terrestres teve um início bastante conturbado, tendo passado por inúmeras reformas legislativas e regulatórias ainda em seus primeiros anos (CALDAS, 1978).

Embora a obrigatoriedade de contratação do referido seguro tenha sido instituída em 21 de novembro 1966, foi necessário pouco mais de um ano para a elaboração de um plano de cobertura, o que se concretizou mediante proposta aprovada pelo Conselho Técnico do IRB e submetido ao recém-criado CNSP (FERREIRA, 1985). Em 11 de dezembro de 1967, foi publicado o Decreto nº 61.867, que, ao regulamentá-lo, (i) identificou as pessoas físicas e jurídicas obrigadas a contratá-lo (art. 5º), (ii) assegurou a cobertura indenizatória para os danos pessoais (morte, invalidez permanente e/ou temporária) e materiais causados pelo veículo ou pela carga transportada a pessoas transportadas ou não, e a bens não transportados (art. 6º), bem como (iii) dispôs sobre os valores das indenizações (art. 7º).

Assim, para dar cumprimento ao decreto regulamentador, foi publicada a Resolução CNSP nº 25, de 18 de dezembro de 1967, que determinou o início das operações do seguro obrigatório de trânsito a partir do dia 1º de janeiro de 1968 e fixou normas reguladoras para o Seguro RCOVAT, dentre as quais: (i) existência de franquia dedutível para os danos materiais causados a bens não transportados; (ii) obrigatoriedade de a seguradora efetuar o pagamento das indenizações, por conta do segurado, mediante apresentação de certidão do auto de corpo de delito, no caso de morte, e registro de ocorrência no distrito policial competente ou de certidão de inquérito policial, no caso de danos materiais, conjugando este documento com a prova de atendimento médico, nas hipóteses de danos pessoais.

Pertinente ressaltar que o ato normativo excluiu expressamente a cobertura por responsabilidades decorrentes de acidentes provocados por veículos não licenciados em conformidade com o CTB. Ou seja, a vítima de um acidente automobilístico não teria direito à cobertura indenizatória se o veículo causador do dano (material ou pessoal) não estivesse devidamente licenciado, ainda que o proprietário do veículo automotor tivesse contratado o seguro obrigatório de trânsito. É bem verdade que tal fato não elidiria, por óbvio, a possibilidade de a vítima buscar a reparação pela via judicial, mediante a aferição de culpa do proprietário do veículo.

Em 18 de novembro de 1968, ou seja, menos de um ano após o início das operações do Seguro RCOVAT, foi publicada a Resolução CNSP nº 37, que revogou a Resolução CNSP nº 25/1967 e consolidou a regulamentação esparsa referente ao seguro e dispôs sobre as omissões de tais atos.

Apesar do instituto ter sido constituído em resposta a um clamor social, em razão do crescente número de acidentes rodoviários, como meio de assegurar à vítima a reparação dos danos sofridos e de possibilitar ao causador do dano condições econômicas para ressarcir o prejuízo provocado (NEVES, 1971), por vezes não era possível alcançar o fim social colimado, qual seja, o de se assegurar a todas as vítimas de acidente de trânsito uma indenização mínima.

Embora houvesse na legislação especial hipóteses de imputação de responsabilidade sem culpa – como se verificou com a edição do Decreto-Lei nº 2.681/1912, que regulamentou a responsabilidade, sempre presumida, das estradas de ferro, cabendo prova em contrário nas hipóteses expressamente previstas, bem como com a edição do Decreto-Lei nº 32/1966, que dispôs sobre o Código Brasileiro do Ar, imputando responsabilidade às aeronaves, as principais controvérsias decorrentes do seguro obrigatório de trânsito relacionavam-se à sua natureza de seguro de responsabilidade civil (NEVES, 1971). Isso porque o fundamento da reparação civil, na forma do que dispunha o Código Civil de 1916 – Lei nº 3.071/16, artigo 159 –, estava relacionado à teoria da culpa e, portanto, à prática de um ato ilícito.

Desta forma, impunha-se à vítima ou ao seu beneficiário o ônus de comprovar a culpa do causador do dano. A propósito, em muitos casos isso não era possível, especialmente quando o veículo causador do acidente não era identificado, o que inviabilizava a identificação da seguradora responsável pela cobertura,[16] e a vítima ou o beneficiário ficava em situação de desamparo, sem poder perceber a indenização devida, por não ter como pleitear a cobertura indenizatória[17] ou, ainda

---

16 Pertinente destacar que, até 1986, a contratação do seguro era realizada à livre escolha da seguradora pelo proprietário do veículo automotor, quando então foi constituído o Convênio DPVAT administrado pela Federação Nacional das Empresas de Seguros Privados e de Capitalização – FENASEG (PEREIRA FILHO, 2013).

que identificados o causador do dano e a seguradora responsável, viam-se sujeitos a longas disputas judiciais.[18]

Nesse diapasão, em 04 de setembro de 1969, foi promulgado o Decreto-Lei n° 814 que expressamente suprimiu do seguro em comento a cobertura por danos materiais, a possibilidade de existência de franquia dedutível, assim como o elemento culpa, estabelecendo em seu artigo 5° que o pagamento das indenizações dar-se-ia mediante a simples prova do dano. Com efeito, o novo diploma, contrariamente ao que então dispunha a legislação civil, adotou uma teoria do risco mais expansiva, estabelecendo a incidência de cobertura indenizatória independentemente de excludentes como o caso fortuito, força maior ou culpa exclusiva da vítima, conforme acentua Castello Branco (1976) e tal como visto no capítulo anterior.

Todavia, apesar de toda a reformulação legislativa e regulatória, no sentido de se ampliar o escopo indenizatório das vítimas de acidentes automobilísticos, e do fato de o Decreto n° 61.867/1967 e o Decreto-Lei n° 814/1969 disporem expressamente que o pagamento da indenização independia de aferição de conduta culpável por parte do proprietário de veículo automotor envolvido em acidente rodoviário, deslocando a responsabilidade para aquele que fazia uso da máquina causadora do

---

17 Collares e Sabbi (1975, p. 15) ao discorrerem sobre o tema declara o seguinte: "De infância promissora, não tardou em ver o seu benefício social transformar-se num longo pesadelo. *Criado para socorrer as vítimas dos acidentes de trânsito, acabou por fazer dos beneficiários novas vítimas*, duplicando a calamidade, ao invés de minorá-la" (sic).

18 Nesse sentido, Collares e Sabbi (1975, p. 18) colacionam um trecho da Apelação Civil n° 904/74 julgada pela 4ª Câmara Civil de Curitiba do Tribunal de Justiça do Estado do Paraná: "Infelizmente, como já se afirmou em outros julgamentos, 'o que se vê todos os dias é a fuga das Seguradoras ao compromisso que assumiram, não cumprindo a lei e a protelando, de forma até chegar às raias do absurdo, o pagamento da indenização a que estão sujeitas' (sic). Consoante Tavares, remanesceria, ainda nos dias atuais, uma desconfiança de que as seguradoras tentariam "esquivar-se ao máximo do pagamento das indenizações devidas". Talvez tal receio tenha origem no histórico apontado por Collares e Sabbi (PEREIRA FILHO, 2013, p. 02).

dano, persistia na prática o condicionamento do pagamento da cobertura indenizatória à existência de culpa.[19]

Ademais, a manutenção do referido seguro obrigatório ainda como um seguro de responsabilidade civil[20] implicava também no não reconhecimento pelo judiciário, do direito por parte do proprietário de veículo automotor que, mesmo adimplente, fosse vítima de acidente de trânsito, excluindo, por via de consequência, a cobertura indenizatória de seus beneficiários na hipótese de morte daquele. O STF, por exemplo, no julgamento do Recurso Extraordinário nº 76.329/PB acatou o entendimento de que o proprietário de veículo automotor e seus beneficiários estariam excluídos do âmbito de cobertura do referido seguro obrigatório de responsabilidade civil.[21] O resultado disso foi uma nova segregação

---

19 Iêdo Neves (1971, p. 49-51) destaca, nesse sentido, divulgação, atribuída à Federação Nacional das Empresas de Seguros Privados e de Capitalização (FENASEG), em relação a sentença de primeira instância proferida em São Paulo, que segue transcrita: "[...] Nem o art. 5º do Decreto-lei 814 de 4.9.1969, posterior ao acidente, autoriza tal entendimento. O que ali se diz é que o pagamento das indenizações será feito 'independente de apuração de culpa' e não independente de culpa do segurado, que é coisa diversa. Vale dizer, não se excusará a Seguradora se alegar que a culpa não fôra ainda apurada. Mas, acionada, não se lhe poderá negar, como não se negaria ao segurado, defesa consistente na inexistência de culpa, como no caso. E se o autor nem mesmo pretende a culpa do motorista pelo acidente, não se tem por onde entendê-la comprovada" (*sic* – grifei).

20 Pereira Filho (2013, p. 8-9) afirma que a extinção do Seguro RCOVAT pode ter sido atribuída à "confusão que a denominação do seguro [...] causou entre seus intérpretes e aplicadores, (...)", sendo "equivocadamente vinculado à teoria da culpa".

21 *RE nº 76.329/PB*, Rel. Min. Thompson Flores, j. 03.09.1973, DJ 05.10.1973, *RTJ* 66/927-929: "6. No caso dos autos, a recorrida pediu a indenização decorrente do seguro obrigatório pela morte de seu marido, que dirigia o veículo sinistrado, objeto do seguro. 7. Ora, seu marido não era terceiro, ao qual se dirige a indenização, mas, sim, estava representando o próprio segurado. Este, não é indenizado, e sim, está coberto pelo seguro obrigatório contra terceiros, isto é, o segurado é quem indeniza terceiros, através do prêmio estipulado. 8. A decisão *a quo* negou os Dl.73-66 e 814-69, quanto ao seguro obrigatório de responsabilidade civil". No mesmo sentido,

das vítimas de acidentes de trânsito no tocante ao direito à cobertura indenizatória, desta vez entre terceiros acidentados (passageiros ou pedestres) e proprietários de veículos automotores (motoristas).

Além disso, a oferta desse seguro compulsório, nos moldes legais, em livre concorrência, mediante fixação de indenização em lei, com revisão desta e definição de prêmio pelo CNSP, em um período de acentuada crise inflacionária,[22] bem como o crescente número de acidentes (CASTELLO BRANCO, 1976) promoveram a dispersão das seguradoras interessadas em operá-lo, ocasionando um déficit tarifário a ponto de o valor da indenização corresponder ao dobro do valor do prêmio. Nesse período, o Fundo Especial de Indenização, que indenizava os beneficiários das vítimas de acidentes de trânsito provocado por veículos automotores não identificados, na hipótese do evento morte, chegou ao ponto de ter uma capacidade indenizatória de apenas 261 vítimas por ano (COLLARES; SABBI; FERREIRA, 1975; 1985).

Assim, diante das várias dificuldades decorrentes do modelo do seguro em questão, em outubro de 1973, foi constituída uma "Comissão Especial Mista para Reformulação das Condições do Seguro de RCOVAT" composta por representantes do IRB, da Susep e da Federação Nacional das Empresas de Seguros Privados e de Capitalização – FENASEG (FERREIRA, 1985). Dentre as propostas apresentadas pela Comissão, foram contemplados os seguintes pontos: (i) substituição do Fundo Especial de Indenização (FEI) por um Consórcio Especial de Indenização (CEI) a ser administrado pelo IRB, (ii) adoção da sistemática Teoria

---

ver os seguintes julgados: RE 79.012/PB, Rel. Min. Leitão Abreu, j. 12.11.1974, RTJ 71/590-592; RE 80.043/GB, Rel. Min. Xavier de Albuquerque, j. 22.11.1974, RTJ 72/632-635; RE 80.240/PR, Rel. Cordeiro Guerra, j. 28.02.1975, RTJ 73/978-981; RE 81.239/PR, Rel. Min. Antônio Neder, j. 24.03.1981, RTJ 98/181-182; RE 84.464/SP, Rel. Min. Antônio Neder, j. 24.03.1981, RTJ 98/738-741; RE 84.248/MG, Rel. Min. Aldir Passarinho, j. 04.02.1983, RTJ 106/170-171.

22 Para uma compreensão geral das políticas adotadas para combater o comportamento inflacionário no período em que o Seguro RCOVAT foi criado ver o trabalho de conclusão de curso para obtenção do grau de bacharelado em Ciências Econômicas apresentado à Universidade Federal do Rio Grande do Sul (UFRGS) por UMANN, Sofia Welter. *A inflação brasileira nos anos de 1964 a 1979*. Porto Alegre, 2010.

do Risco[23] e (iii) transformação do seguro de responsabilidade civil em um seguro de danos pessoais à semelhança do ramo de acidentes pessoais[24]. Com efeito, em 19 de dezembro de 1974, foi promulgada a Lei nº 6.194/1974, que alterou o rol de seguros obrigatórios do artigo 20 do Decreto-lei nº 73/1966, substituindo o RCOVAT pelo Seguro DPVAT.

Com a publicação da Resolução CNSP nº 02/1975, em 03 de outubro, o FEI foi extinto e a mesma norma, em atendimento ao disposto no §2º do artigo 7º da Lei nº 6.194/1974 (Lei do DPVAT), aprovou as normas de regulamentação do CEI, determinando que o mesmo devesse ser constituído, necessariamente, por todas as sociedades seguradoras autorizadas a operar no Seguro DPVAT. À semelhança do FEI, o Consórcio seria responsável pelo pagamento da indenização pelo advento do sinistro morte, quando este decorresse de acidentes de trânsito provocados por veículos não identificados, cuja cobertura corresponderia também à metade da indenização devida quando o veículo fosse identificado, sendo certo que o referido dispositivo legal somente exige a constituição de um consórcio de segurados para fins de assegurar a cobertura indenizatória nessa hipótese.

Contudo, foi somente a partir da década de 1990, com o advento da publicação da Lei nº 8.441/1992, que houve a efetiva universalização do

---

23 Segundo essa teoria, a reparação do dano nem sempre está vinculada a um comportamento culposo do agente, como é o caso de determinadas atividades que, por sua natureza, podem expor terceiros ao risco de danos.

24 Castello Branco (1976) aponta que, com a alteração promovida pela Lei nº 6.194/1974, "o princípio da reparação cedeu lugar à indenização", acentuando o "traço de acidente pessoal" no Seguro DPVAT, uma vez que a responsabilidade civil pressuporia "uma obrigação extracontratual originária de ato ilícito". Assim, "sendo obrigação, há de existir os dois polos. A pessoa que responde e a que tem o direito de exigir seu cumprimento". Desse modo, não haveria "responsabilidade consigo mesmo". Com efeito, se a simples prova do acidente assegura à vítima o direito à percepção da indenização o seguro em comento poderia ser tido como um *"seguro de acidentes pessoas conferidos às vítimas dos automobilistas"* (original grifado), atingindo o fim social a que se destina, mormente pelo fato de que tanto o terceiro, quanto o proprietário do veículo (ou seus beneficiários), se vítimas de um acidente de trânsito, fazem jus à percepção do mínimo indenizatório.

Seguro DPVAT, de modo a assegurar a cobertura securitária a todas as vítimas de acidente de trânsito, independentemente de identificação da seguradora responsável, de o seguro ter sido realizado ou de estar vencido, e mesmo, de o dano ter sido provocado por veículo não identificado. A partir da vigência da nova lei, foi garantido para tais situações o direito de a vítima pleitear um valor mínimo de indenização pecuniária nos mesmos valores, condições e prazos dos demais casos[25], além de incluir as coberturas para os sinistros de que decorressem invalidez permanente e despesas de assistência médica e suplementares – DAMS.

É conveniente relembrar que, até então, as vítimas de acidentes automobilísticos que sofressem danos pessoais que lhe acarretassem invalidez não tinham direito à cobertura indenizatória, quando o veículo não era identificado, ainda que este estivesse com o seguro pago. Não se deve olvidar que o condutor do veículo causador do dano, além do dever de indenizar, comete também infração punível na esfera penal consistente nos danos pessoais provocados na vítima como lesão corporal ou homicídio culposo, no caso de morte, o que poderia esclarecer a evasão sem a prestação de socorro (CALDAS, 1978).

Importante mencionar que a nova alteração legislativa transmutou a própria essência do contrato de seguro, que pressupõe uma relação obrigacional entre as partes[26]. Em regra, o inadimplemento no pagamento do prêmio pela parte contratante, desobriga a outra (seguradora) do dever de indenizar, o que, todavia, não ocorre na hipótese de inadimplemento do seguro obrigatório em comento, havendo o dever de indenizar na eventualidade de acidentes de trânsito que provoquem danos cobertos pelo Seguro DPVAT.

---

25   Lei nº 6.194/1974, artigo 7º com redação dada pela Lei nº 8.441/1992. Consoante consta das justificativas do Projeto de Lei nº 1.877/1983, convertido na Lei nº 8.441/1992, a proposta legislativa tinha o condão de sanar "falhas e erros" que comprometeriam seriamente a eficiência do seguro obrigatório de trânsito, acarretando "prejuízos irreversíveis" às vítimas de acidentes automobilísticas, muitas excluídas da cobertura.

26   Deve-se frisar que a regra geral estabelecida no *caput* do artigo 757 da Lei nº 10.406/2002 (Código Civil), é a de que a obrigação do segurador em garantir o interesse do segurado condiciona-se ao pagamento do prêmio. "Art. 757. Pelo contrato de seguro, o segurador se obriga, mediante o pagamento do prêmio, a garantir interesse legítimo do segurado, relativo a pessoa ou a coisa, contra riscos predeterminados" (grifei). No mesmo sentido, vide o artigo 12 do Decreto-Lei nº 73/1966.

Pertinente mencionar que, em virtude da nova redação do *caput* do artigo 7º da Lei nº 6.194/74, foi requerida medida cautelar na ação direta de inconstitucionalidade (ADI)[27] interposta pela Confederação Nacional do Comércio (CNC) e pela FENASEG, por entenderem que a ampliação das hipóteses de indenização sem o respectivo pagamento de prêmio configuraria confisco patrimonial e violação ao livre exercício de atividade econômica e ao direito de propriedade. No entanto, o Plenário do STF, em decisão unânime, excluiu do polo ativo a FENASEG, em virtude de não ser entidade inserida no rol de legitimados para a propositura de ADI, e indeferiu o pedido de liminar da CNC, não tendo sido julgado o mérito da ação ainda.

Não obstante, o STJ editou a Súmula nº 257, que dispõe expressamente que a falta de pagamento do prêmio do Seguro DPVAT não é motivo para a recusa do pagamento da indenização.

Desta forma, consoante o arcabouço legislativo vigente, o Seguro DPVAT é devido às vítimas de acidentes de trânsito ou a seus beneficiários (no caso de morte) e indeniza os eventos morte, invalidez permanente e DAMS, bastando, para tanto, a simples prova do acidente e do dano decorrente, independentemente da aferição de culpa.

É de se ressaltar que duas são as peculiaridades desse seguro obrigatório em relação aos demais seguros de mesma espécie e aos facultativos.

A primeira está relacionada à indenização pelos acidentes provocados. O proprietário de veículo automotor, ao pagar o seguro obrigatório, assume o papel de estipulante,[28] pois contrata o seguro em favor de

---

27   ADI nº 1003 MC – DF, Rel. Min. Celso de Melo, j. 01.08.1994, *DJ* de 10.09.1999.

28   Tecnicamente, estipulante de uma apólice de seguro é a pessoa física ou jurídica que contrata um plano de seguro coletivo, se revestindo, portanto, de poderes de representação dos segurados perante a seguradora, consoante disposto no artigo 1º da Resolução CNSP nº 107, de 16 de janeiro de 2004. No entanto, em que pese o fato de a expressão não ser tecnicamente adequada para se referir ao Seguro DPVAT, em virtude de o proprietário de veículo automotor não ser legalmente o representante da vítima, é possível utilizá-la de forma analógica.

Há que se destacar, ainda, que o próprio Decreto-Lei nº 73/1966 prevê a possibilidade de, nos seguros obrigatórios o estipulante seja, também, beneficiário do seguro por ele estipulado. Veja: "Art 21.

terceiros (no caso, todas as potenciais vítimas de acidente de trânsito), e de segurado, uma vez que também está coberto pela indenização dos acidentes de trânsito que vier a sofrer.

A outra particularidade desse seguro está no fato de incidir em sua base de cálculo dotações orçamentárias que não estão diretamente relacionadas à cobertura de indenizações pagas às vítimas de acidente de trânsito ou a seus beneficiários (no caso de morte), mas que integram o cálculo anual do prêmio tarifário. Saliente-se que 45% do valor total arrecadado é destinado ao Fundo Nacional de Saúde (FNS), para custeio da assistência médico-hospitalar das vítimas de acidentes de trânsito, e outros 5% ao DENATRAN, para aplicação exclusiva em programas de prevenção de acidentes de trânsito, conforme disposto nos incisos I e II do artigo 1° do Decreto n° 2.867/1998. Além disso, há previsão expressa de percentuais destinados ao Fundo de Desenvolvimento Educacional do Seguro (FDES), relativos à comissão de corretagem, mesmo não havendo a efetiva intermediação de corretores de seguros no recolhimento compulsório do Seguro DPVAT.[29]

Nos casos de seguros legalmente obrigatórios, o estipulante equipara-se ao segurado para os eleitos de contratação e manutenção do seguro. § 1° Para os efeitos dêste decreto-lei, estipulante é a pessoa que contrata seguro por conta de terceiros, podendo acumular a condição de beneficiário" (*sic*). Enquanto, nos seguros facultativos, o estipulante sempre será considerado mandatário dos segurados, na forma do que preconiza o §2° do mesmo artigo.

29 Consoante disposto no inciso III do artigo 1° do Decreto n° 2.867/1998, que determina que a destinação dos 50% (cinquenta por cento) restantes do total arrecadado dos prêmios pagos pelos proprietários de veículo automotor, será repassada, na forma da regulamentação vigente. A Resolução CNSP n° 332/2015, que dispõe sobre a destinação dos outros 50% (cinquenta por cento) do prêmio de seguro arrecadado, estabelece que 0,7% do total arrecadado seja repassado a título de comissão de corretagem ao Fundo de Desenvolvimento Educacional de Seguros – FDES, administrado pela Fundação Escola Nacional de Seguros (FUNENSEG).

Em que pese o *caput* do artigo 19 da Lei n° 4.594/1964, com redação dada pela Lei n° 6.317/1975, não dispor quanto aos percentuais de repasse, o dispositivo preconiza que, na hipótese de aceitação de propostas de seguro sem a intermediação de corretores de seguros, a importância habitualmente cobrada a título de comissão de cor-

Pertinente mencionar que a destinação dos 50% restantes do total arrecadado dos prêmios pagos pelos proprietários de veículo automotor, é repassada, na forma da regulamentação vigente, consoante autorização contida no inciso III do artigo 1º do Decreto nº 2.867/1998. Atualmente, a repartição dos recursos administrados pelo Consórcio DPVAT dá-se na forma disposta pela Resolução CNSP nº 332/2015.

Em que pese não dispor expressamente quanto aos percentuais, o *caput* do artigo 19 da Lei nº 4.594/1964, com redação dada pela Lei nº 6.317/1975, preconiza que, na hipótese de aceitação de propostas de seguro sem a intermediação de corretores de seguros, a importância habitualmente cobrada a título de comissão de corretagem será recolhida ao FDES, administrado pela Fundação Escola Nacional de Seguros (FUNENSEG). No caso do seguro em comento, esse percentual é anualmente estabelecido pelo CNSP.

Insta destacar que, além dos repasses mencionados acima, no cálculo para o estabelecimento do valor do prêmio deste seguro, leva-se em conta a estimativa de sinistralidade em cada categoria veicular, o princípio da solidariedade entre os segurados, as despesas administrativas, a constituição de reservas técnicas, bem como a margem de resultado das seguradoras integrantes do Consórcio que administra o sistema.

Diante desse cenário, é possível depreender que o seguro de acidentes de trânsito, tal qual estruturado em nosso ordenamento jurídico, garante um risco multitudinário (COLLARES; SABBI, 1975), haja vista que cada pedestre e cada motorista de veículo automotor são potenciais vítimas cobertas por este seguro cogente – com repasses igualmente compulsórios que não estão diretamente relacionados às coberturas indenizatórias – ao passo que apenas uma pequena parcela da sociedade, notadamente os proprietários de veículo automotor, suporta os custos do prêmio tarifário.

---

retagem será recolhida ao FDES, sendo tal percentual estabelecido por ato normativo do Conselho Nacional de Seguros Privados.

Nesse sentido, insta frisar que tramita no Congresso Nacional o PL nº 4976-B/2013, do Deputado Giovani Cherini que propõe alteração na Lei nº 4594/1964, com vistas a incluir dispositivo acerca do repasse de valores referentes à comissão de corretagem do seguro DPVAT para a Fundação Escola Nacional de Seguros. Disponível em: <http://www2.camara.leg.br/proposicoesWeb/prop_mostrarintegra;jsessionid=D9F09A5D5E15B0E4486F4A499F5C51E2.proposicoesWeb2?codteor=1373325&filename=Avulso+-PL+4976/2013>. Acesso em: 22 de setembro de 2015.

2.3. GESTÃO DO SEGURO DPVAT: DA LIVRE CONCORRÊNCIA AO MONOPÓLIO

A gestão do Seguro DPVAT passou por variados modelos de organização desde sua instituição. Como já mencionado, inicialmente como seguro de responsabilidade civil dos proprietários de veículos automotores de via terrestre (RCOVAT), instituído pelo Decreto-Lei n° 73/1966, e, posteriormente, com a promulgação da Lei n° 6.194/1974, como seguro de danos pessoais (DPVAT). Naquela época, o seguro de acidente de trânsito era livremente contratado pelos proprietários de veículo automotor junto às sociedades seguradoras, tendo esse regime de livre concorrência perdurado por aproximadamente 20 anos (XAVIER, 2013).

Durante esse período de liberdade competitiva, as seguradoras autorizadas a operar com o seguro cogente indenizavam exclusivamente as vítimas de acidentes automobilísticos provocados pelos seus respectivos clientes, ou seja, se o veículo causador do dano não fosse identificado, a vítima ou seu beneficiário, no caso de morte, não teriam a quem recorrer para receber a indenização devida.

Diante disso, visando minorar os efeitos sociais decorrentes da ausência de reparação dessas vítimas, em 17 de setembro de 1969, foi publicada a Resolução CNSP n° 11, que dentre outras regras atinentes ao então designado Seguro RCOVAT criou um fundo de indenização – o FEI – formado por um depósito compulsório, por parte das sociedades seguradoras autorizadas a operar no seguro obrigatório de trânsito, no valor de 2% do valor arrecadado a título do referido seguro, tendo por finalidade garantir com exclusividade a cobertura do evento morte decorrente de acidentes automobilísticos provocados por veículos não identificados na importância correspondente a 50% (cinquenta por cento) daquele previsto para o mesmo evento, provocado por veículo identificado (FERREIRA, 1985).

A gestão do FEI foi conferida à Susep pelo ato normativo infralegal. No entanto, em 25 de agosto de 1970, a Resolução CNSP n° 06 atribuiu a gestão do FEI ao IRB, tendo sido promovida a transferência dos recursos arrecadados no período, nos termos da Resolução CNSP n° 01, de 18/01/1971, quando se deu a aprovação das normas de aplicação do Fundo (FERREIRA, 1985).

À época da gestão do referido Fundo, cada uma das sociedades seguradoras autorizadas a operar com RCOVAT pela SUSEP tinha a incumbência de administrar os prêmios arrecadados, consoante regras estabelecidas pela Autarquia, não cabendo a elas o pagamento de indenização referente às mortes provocadas por veículos automotores não identificados. Tal cobertura era de competência exclusiva do FEI, que indenizava apenas o valor correspondente a 50% daquele previsto para o mesmo evento (morte), provocado por veículo identificado, resultando num tratamento desigual entre as vítimas de acidentes de trânsito.

Pouco após a reformulação do Seguro RCOVAT que culminou com a publicação da Lei n° 6.194/1974, que o extinguiu e o substituiu pelo Seguro DPVAT, o FEI também foi extinto, tendo sido substituído por um Consórcio Especial de Indenização (CEI), cuja gestão ficou a cargo do IRB, na forma do que dispunha o novo diploma legal.

No entanto, em virtude das reformas estruturais pelas quais o referido seguro obrigatório passou, até meados da década de 1980 era recorrente a dificuldade de as vítimas ou seus beneficiários conseguirem obter a indenização prevista legalmente. Um dos embaraços que desvirtuava sua finalidade social ocorria quando a seguradora responsável pelo risco entrava em regime de liquidação extrajudicial, circunstância na qual a eventual vítima de um acidente provocado por veículo automotor, cujo seguro obrigatório tivesse sido contratado com a seguradora liquidanda, via-se desamparada sem poder perceber a indenização devida.[30] Outro problema igualmente relevante estava relacionado à ausência de um controle efetivo quanto à contratação do seguro compulsório, contribuindo para uma alta taxa de inadimplência (PEREIRA FILHO, 2013). Além disso, a oferta desse seguro de contratação impositiva, no regime de livre concorrência, em razão de suas peculiaridades, talvez tenha trazido ao lume a potencialidade de prática de seleção adversa, por parte do mercado segurador, ao deixar de ofertar o seguro nas regiões que apresentavam maior sinistralidade ou cujos segurados tivessem maior probabilidade de se envolver num acidente de trânsito, ou, quiçá, não ofertando o seguro de natureza compulsória (COLLARES; SABBI, 1975).

---

30 Para exemplificar a situação crítica a que chegou o seguro em questão, Collares e Sabbi (1975, p. 27-34) citam decisão judicial da 1ª Câmara Cível do Tribunal de Justiça de São Paulo em que taxista, tendo contratado o seguro cogente em seguradora que, posteriormente, tenha entrado em liquidação, foi condenado a pagar às próprias expensas o valor da indenização à vítima (1ª Câmara Cível do Tribunal de Justiça do Estado de São Paulo, Apel. Cível n° 217.493 – Rel. Carlos Antonini – Rev. Trib. 464/83).

Acrescente-se a tudo isso a longa jornada à qual era submetida a vítima ou seus beneficiários para a percepção do pagamento da indenização.[31] Nesse sentido, pertinente relembrar que, até a publicação da Lei n° 6.194/1974, vigia o RCOVAT, ou seja, um seguro essencialmente de responsabilidade civil que, a despeito de (i) o Decreto-Lei n° 814/1969 dispor, expressamente, em seu artigo 3°, o cabimento de reparação de danos não materiais a pessoas transportadas ou não, e (ii) o estipulante de seguro obrigatório ser, também, beneficiário deste, na forma do artigo 21, *caput* e §1° do Decreto-Lei n° 73/1966, a jurisprudência do STF, conforme mencionado anteriormente, entendia não estarem cobertos pelo seguro os proprietários de veículo automotor que fossem vitimados por acidente de trânsito, pelo simples fato de estarem na condição de motorista, excluindo, por consequência, seus beneficiários, justamente por se tratar de um seguro de responsabilidade civil.

Diante dessa crise, em 1985, com vistas a ampliar o controle da contratação do seguro obrigatório de trânsito, houve o que pode ser considerada a primeira reforma regulatória na forma de oferta e gestão do referido seguro, migrando-se de um regime de livre concorrência plena, para um desenho institucional de gestão coletiva dos recursos arrecadados com os prêmios pagos pelo proprietário de veículo automotor. Para viabilizar a adoção de tal arranjo, foram editados diversos atos normativos infralegais.

Com efeito, inicialmente o CNSP fez publicar a Resolução n° 11, de 05/12/1985, permitindo a inclusão desse seguro no Documento de Registro e Licenciamento instituído por meio da Resolução CONTRAN n° 664, de 14/01/1986. A partir de então, o DPVAT passou a fazer parte integrante do processo de licenciamento anual de veículos.

Na sequência, a Resolução CNSP n° 06, de 25/03/1986, determinou a adoção do primeiro modelo de gestão centralizada do Seguro DPVAT, que deveria ser operacionalizado por meio de um convênio firmado entre as sociedades seguradoras com autorização concedida pela SUSEP para operar com o seguro cogente. Um mês depois, em 29 de abril, foi firmado o "Convênio DPVAT", cuja administração estava a cargo da FENASEG (PEREIRA FILHO, 2013), que tinha por finalidade operacionalizar a gestão dos prêmios pagos pelos proprietários de veículos, ficando exclu-

---

31 Segundo Collares e Sabbi (1975, p. 65), "o prazo de cinco dias, estabelecido em Lei para o pagamento da indenização, vem prolongando-se, usualmente, por longos meses ou anos, especialmente quando o processo é ajuizado, e o que é quase sempre por motivos protelatórios, com prejuízo total de sua finalidade específica".

ídas do Convênio as categorias 3 e 4, relativas a veículos de transporte coletivo, que continuavam a operar em regime de livre contratação, segundo Acórdão n° 3130, de 30/11/2011, do Plenário do TCU.

A partir da constituição do referido Convênio DPVAT, houve a instituição de repartições sobre o montante de recursos provenientes dos prêmios desse seguro cogente, sendo a parcela destinada ao financiamento de políticas públicas, nos dias atuais, representativa de metade do total arrecadado, com o repasse de 45% ao SUS e de 5% ao DENATRAN.

O repasse destinado ao SUS teve origem em acordo firmado entre a FENASEG, na qualidade de gestora nomeada para administrar os recursos do Seguro DPVAT, o IRB, na condição de ressegurador integral das coberturas relativas à assistência médica e suplementares indenizáveis pelo seguro compulsório em comento, e o INAMPS, tendo sido assinado, 10 dias após a criação do Convênio DPVAT, em maio de 1986. Tal acordo tinha a finalidade de assegurar o repasse de 20% da arrecadação do prêmio do seguro obrigatório de trânsito, a título de reembolso pela prestação de assistência médica e suplementares às vítimas de acidentes de trânsito.[32]

Naquela ocasião, quando ainda vigia o regime de livre concorrência, a Resolução CNSP n° 06/1980, que, tendo alterado a Resolução CNSP n° 01/1975, salvaguardou o direito de o INAMPS ser ressarcido pelas sociedades seguradoras que operassem com o seguro cogente.

Mister destacar que, durante a tramitação do Projeto de Lei n° 60/1987, convertido posteriormente na Lei n° 7.604, de 26 de maio de 1987, foram apresentadas emendas com o fim de tornar o seguro obrigatório de trânsito monopólio da Previdência Social sob o argumento de que, como esta suportava, recorrentemente, as despesas com internamento hospitalar das vítimas, deveria, portanto, receber as receitas. Todavia, a proposta aprovada, apresentada pelo Deputado relator, foi a de que o acordo firmado entre o IRB, FENASEG e INAMPS deveria ser erigido a *status* legal, entendendo-se conveniente o aumento no percentual do repasse de 20% para 30%, para fins de custear os encargos suportados, sem que se precisasse, portanto, assumir a operação do referido seguro, tida como "dificultosa".[33] Frise-se que o valor de tal destinação chegou a ser majorado para 50%, com o advento da Lei n° 8.212/1991 (artigo 27, parágrafo único).

---

32 Apostila "Evolução das participações percentuais no Seguro DPVAT". Fonte: Biblioteca Luiz Mendonça (FENASEG).

Por ocasião da promulgação do CTB (Lei nº 9.503/1997), chegou-se a cogitar a possibilidade de extinção do seguro obrigatório de trânsito em virtude de "sua simples ineficácia".[34] No entanto, foi acatada a proposta de que 10% do montante destinado ao SUS a título de recolhimento do Seguro DPVAT fosse repassado ao DENATRAN (art. 78, parágrafo único), passando o seguro cogente a financiar, também, políticas públicas voltadas à realização de programas de prevenção de acidentes.[35]

Com efeito, metade do valor total recolhido dos proprietários de veículos automotores destinava-se ao financiamento de políticas governamentais e que apenas a outra metade era efetivamente repassada ao Convênio DPVAT, na forma estabelecida pelo CNSP.

Pertinente esclarecer que o Decreto nº 2.867/1998 inaugurou a estrutura vigente do que se pode denominar "Sistema DPVAT", tendo em vista que os recursos arrecadados com os prêmios pagos pelos proprietários de veículo automotor são particionados de modo a possibilitar tanto o financiamento das coberturas indenizatórias das vítimas de acidentes de trânsito, quanto o das políticas públicas mencionadas anteriormente. Ademais, o referido Decreto revogou a sistemática de

---

33 Lei nº 7.604/1987, Art. 7º. Projeto de Lei nº 60/1987, Rel. Deputado José Tavares (PMDB/PR), emenda nº 17 apresentada pelos Deputados Paulo Macarini, Luiz Henrique (ambos do PMDB/SC) e emenda nº 21, pelo Deputado Jorge Uequed (PSDB/RS). Disponível em: <http://www2.camara.leg.br/proposicoesWeb/prop_mostrarintegra;jsessionid=6977FFCE30B7435C46C478A6033FB0F5.proposicoesWeb1?codteor=1153578&filename=Dossie+-PL+60/1987>. Acesso em: 11 de setembro de 2015.

34 Consoante relatório do 2º Substitutivo do Projeto de Lei nº 3.710/1993 apresentado pelo Deputado Beto Mansur (PPR/SP), em 26 de outubro de 1993. Disponível em: <http://www.camara.gov.br/proposicoesWeb/prop_mostrarintegra;jsessionid=4792ED13A698C1EE800B3DE9FB4E3677.proposicoesWeb1?codteor=1138247&filename=Dossie+-PL+3710/1993>. Acesso em: 21 de setembro de 2015.

35 Proposta apresentada pelo Deputado Lezio Sathler (PSDB/ES), em 07 de outubro de 1993, ao 1º Substitutivo do Projeto de Lei nº 3.710/1993. Disponível em: <http://www.camara.gov.br/proposicoesWeb/prop_mostrarintegra;jsessionid=4792ED13A698C1EE800B-3DE9FB4E3677.proposicoesWeb1?codteor=1138247&filename=-Dossie+-PL+3710/1993>. Acesso em: 21 de setembro de 2015

particionamento anterior (Decreto nº 1.017/1993 e artigo 36, §2º do Decreto nº 2.173/1997) considerada inadequada pelo TCU em virtude de reiterados atrasos na transferência dos valores destinados ao SUS e da ocorrência de deduções, nesta parcela, sem autorização legal para tanto, relativas ao pagamento de indenizações por DAMS e ao custo de emissão de apólice.[36]

Pela sistemática anterior, ilustrada na figura 2.1, as seguradoras recebiam o prêmio do seguro e o repassavam à FENASEG, gestora do Convênio DPVAT, que, por determinação contida no item 1 da Resolução CNSP nº 06, de 25 de março de 1986, realizavam cessão obrigatória integral dos recursos arrecadados com os prêmios do Seguro DPVAT ao Consórcio de Resseguro administrado pelo IRB. Este, por sua vez, por força do acordo firmado em 1986, transferia ao IRB a parcela destinada ao SUS, que, por fim, creditava o valor em favor do sistema público de saúde.

Figura 2.1 – Sistemática de repasse revogada
(anterior ao Decreto 2.867/98)

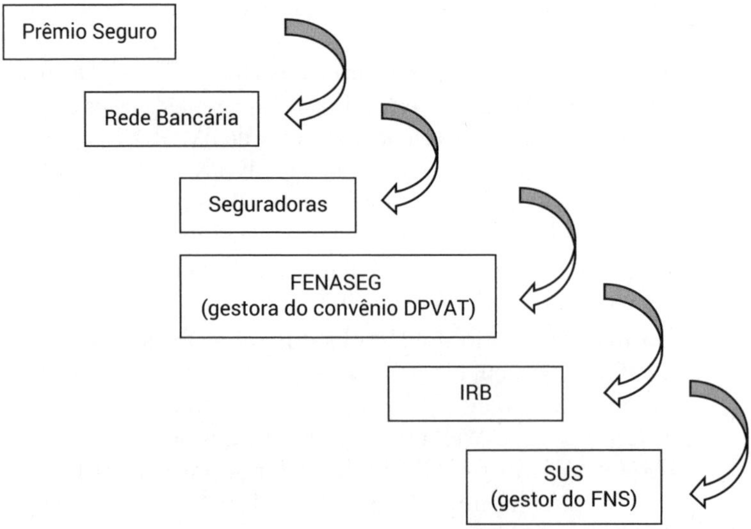

Prêmio Seguro → Rede Bancária → Seguradoras → FENASEG (gestora do convênio DPVAT) → IRB → SUS (gestor do FNS)

Fonte: Duarte, 2016.

---

36 Acórdão nº 0469/2003 – TCU Plenário, de 07/05/2003. Segundo consta do referido acórdão, verificou-se que o repasse ao IRB era realizado em até "três parcelas mensais e até mesmo com dois meses de atraso".

Frise-se que o Consórcio de Resseguro com Cessão Obrigatória Integral ao IRB perdurou, por aproximadamente 12 anos, até que, com o advento da publicação da Resolução CNSP n° 01, de 23 de abril de 1998, a alteração promovida no item 1 da Resolução CNSP n° 06, de 1986, pôs termo àquele consórcio, excluindo o IRB do *iter* de gestão dos recursos do Seguro DPVAT e passando, por fim, à FENASEG a assunção da efetiva operação do Convênio DPVAT.

Ademais, com a nova estrutura de repasse determinada pelo Decreto n° 2.867, de 08 de dezembro de 1998, consoante figura 2.2, tornou-se obrigatório o repasse direto, pela rede arrecadadora, ao FNS administrado pelo SUS, bem como ao DENATRAN. Desse modo, tem-se que a arrecadação dos prêmios do seguro obrigatório de trânsito é, desde então, distribuída no Sistema DPVAT da seguinte forma: o proprietário de veículo automotor, ao efetuar o licenciamento anual de seu veículo, recolhe à rede bancária o valor do prêmio do seguro, e esta, sem qualquer retenção, realiza o repasse das parcelas correspondentes aos valores destinados ao SUS, ao DENATRAN e o restante do valor é repassado para a entidade gestora do Seguro DPVAT e por ela distribuído na forma determinada pelo CNSP. Não se pode olvidar que – em razão de o Convênio DPVAT ter sido firmado em 1986, tendo por objeto apenas os veículos das categorias 1, 2, 9 e 10 –, a Portaria Conjunta MF/MS/MJ n° 4.044/1998 (i) restringiu, em seu artigo 2°, a regra de pagamento do prêmio do seguro junto com a cota única do Imposto sobre a Propriedade de Veículos Automotores (IPVA) àquelas categorias, excluindo, portanto, dessa regra os veículos de transporte coletivo (categorias 3 e 4), e (ii) impôs ao Banco Central do Brasil o dever de fiscalizar o efetivo cumprimento, por parte das instituições arrecadadoras (rede bancária), do repasse dos valores ao SUS e ao DENATRAN (artigo 3°).

Figura 2.2 – Sistemática de repasse a partir do Decreto 2.867/98 (quadro sintético)

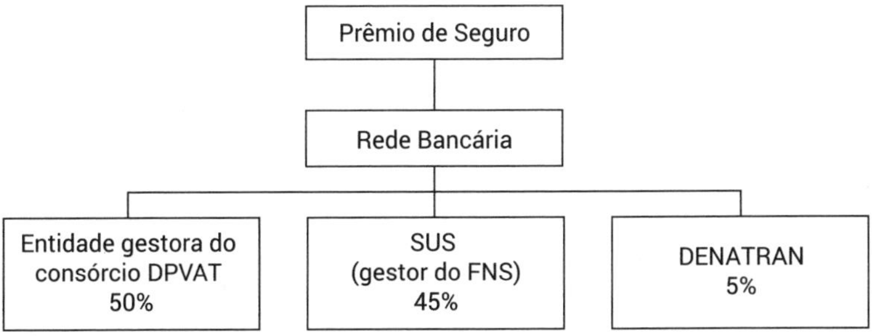

```
                    Prêmio de Seguro
                           |
                    Rede Bancária
        _____|_____
       |                   |                   |
Entidade gestora do      SUS              DENATRAN
 consórcio DPVAT    (gestor do FNS)          5%
       50%              45%
```

Fonte: Duarte, 2016.

A partir da auditoria realizada pelo TCU, no sistema de arrecadação e repartição dos prêmios do seguro obrigatório em comento, na qual foram apontados atrasos e deduções na parcela destinada ao SUS, foi recomendado ao CNSP que analisasse a possibilidade de adotar para as categorias de veículo não integrantes do Convênio DPVAT a mesma operacionalização de repasse prevista no Decreto 2.867/1998 em relação às demais categorias[37], uma vez que a medida propiciaria maior controle e transparência na sistemática de repasse dos recursos ao SUS e ao DENATRAN.

A medida foi implementada a partir da publicação da Resolução CNSP nº 99/2003, que, ao dispor sobre as normas disciplinadoras do seguro obrigatório de trânsito, determinou que, para operar com o Seguro DPVAT, as sociedades seguradoras deveriam aderir simultaneamente a dois Convênios, um dos quais compreenderia as categorias já operadas dessa forma desde a década de 1980 (categorias 1, 2, 9 e 10) e o outro, em vigor a partir de 1º de janeiro de 2005, englobando as categorias 3 e 4,[38] na forma recomendada pelo TCU.

Em paralelo, a despeito de o mercado de oferta do seguro cogente ter-se fechado com a criação do Convênio 2 (categorias 3 e 4), a inexistência de uma efetiva correspondência entre a representatividade das sociedades seguradoras que integravam o *pool* perante as instâncias deliberativas do Convênio e sua respectiva responsabilidade econômica evidenciava a fragilidade desse desenho institucional. Ademais, a FENASEG, dada sua constituição, não podia representar judicial ou administrativamente as seguradoras convenentes (PEREIRA FILHO, 2013).

Assim, diante de tais inconsistências, com amparo em determinação normativa do CNSP, sobreveio o modelo de gestão por Consórcios em substituição ao Convênio como um novo modo de operacionalização da administração do Seguro DPVAT.[39]

A partir de então, para operar no seguro em comento, à semelhança do modelo anterior, as sociedades seguradoras deveriam aderir, simultaneamente, a dois consórcios específicos a serem administrados por

---

37 Acórdão nº 0469/2003– TCU Plenário, de 07/05/2003, item 9.3.

38 Essa Resolução foi revogada 5 meses após sua publicação pela Resolução CNSP nº 109/2004, que manteve a mesma disposição concernente à criação do Convênio para englobar as categorias de veículos de transporte coletivo.

uma entidade líder que, necessariamente, deveria ser uma seguradora especializada em Seguro DPVAT, na forma do que dispunha a Resolução nº 154/2006, em seu artigo 5º, *caput* e §3º (posteriormente revogada pela Resolução CNSP nº 273/2012, que manteve tal disposição no artigo 4º, §1º), inexistindo, destarte, outro meio de se operar com esse seguro obrigatório.

As sociedades seguradoras, então signatárias do Convênio DPVAT, subscreveram o Consórcio DPVAT[40] e, com base na autonomia administrativa de que se reveste esse instrumento jurídico (ASCARELLI; CARVALHOSA, 1945, 1998), optaram por constituir entre si uma nova sociedade seguradora, à qual deram o nome de Seguradora Líder dos Consórcios do Seguro DPVAT S.A. (Seguradora Líder DPVAT), sociedade anônima de capital fechado (XAVIER, 2013), para administrá-lo e representá-las administrativa e judicialmente.[41] Naquela época, quando de sua constituição, considerando como parâmetro o volume de prêmios emitidos, a entidade gestora dos Consórcios DPVAT iniciou suas operações, figurando entre as cinco maiores seguradoras do país,

---

39 Pereira Filho (2013) afirma que a opção pelo modelo de Consórcios teria decorrido de proposta apresentada pelo mercado ao Conselho Nacional de Seguros Privados, que em vista de previsibilidade legal no artigo 7º da Lei nº 6.194/74, fez publicar a Resolução nº 154/2006 (posteriormente revogada pela Resolução CNSP nº 273/2012). Ressalte-se que, somente em 2008, teve início a gestão por dos recursos arrecadados dos prêmios do Seguro DPVAT pelo formato de Consórcios.

40 Consórcio de seguradoras constituído, por determinação da Resolução CNSP nº 154/2006, para a gestão dos recursos arrecadados em decorrência do pagamento de prêmios do Seguro DPVAT.

Destaque-se, oportunamente, que, a gestão do Seguro DPVAT dividia-se em dois consórcios, sendo o Consórcio 1 referente às categorias 1, 2, 9 e 10 e o Consórcio 2 referente às categorias 3 e 4, tendo havido a unificação de ambos a partir de 01/01/2016, por força da publicação da Resolução CNSP nº 332/2015.

41 A Seguradora Líder – DPVAT S/A teve sua condição de entidade líder dos Consórcios DPVAT homologada pela Superintendência de Seguros Privados com a publicação da Portaria Susep nº 2.797, de 04/12/2007 (DOU de 07.12.2007, S.1, p. 49).

segundo Thurler (2007). Frise-se, por oportuno, que a nova seguradora é, também, uma das signatárias do Consórcio.[42]

Insta salientar que, em virtude de a mencionada seguradora ter sido constituída pelo grupo de seguradoras que integravam o extinto Convênio DPVAT, aquelas que optaram por continuar a operar com o seguro em comento a integraram como acionistas.[43] Por outro lado, não se pode olvidar que o ingresso e retirada de consorciadas dá-se de forma dinâmica, haja vista a liberdade constitucional de iniciativa na exploração de atividades econômicas (art. 170, CRFB).[44] Desse modo, é possível destacar a coexistência de dois tipos distintos de consorciadas: aquelas que são acionistas da entidade líder que administra o consórcio e aquelas que não o são, consoante esclarece o Acórdão n° 3130/20110 – TCU Plenário, de 30/11/2011 (item 2.19).

---

42   A lista de seguradoras consorciadas do Consórcio DPVAT está disponível no sítio da Seguradora Líder DPVAT na rede mundial de computadores (http://www.seguradoralider.com.br/SitePages/a-companhia-seguradoras.aspx), figurando a própria entidade líder, que o administra, como uma das consorciadas, consoante consulta realizada no dia 23/05/2016.

43   Em setembro de 2007, as sociedades seguradoras integrantes dos Convênios DPVAT manifestaram sua intenção de constituir a Seguradora Líder dos Consórcios do Seguro DPVAT S/A, na qualidade de potenciais acionistas controladores, consoante Declaração de Propósito, de 06 de setembro de 2007, publicada no *Jornal Zero Hora*, de 06/09/2007 (quinta-feira), p. 37.

44   Há que se ressaltar que a liberdade na exploração de atividade econômica pode sofrer restrições. Nesse sentido, Sampaio (2013) afirma que o "encontro de falhas de mercado com a necessidade de promoção de valores socialmente compartilhados faz com que o Estado, por meio do direito, utilize seu poder de império para garantir e condicionar a oferta desses bens e serviços, na forma de princípios constitucionais e outras normas jurídicas cogentes que criam um marco regulatório visando à sua melhor tutela", destacando que a regulação estatal normalmente está associada "à mitigação de falhas de mercado", bem como "a aspectos de natureza redistributiva". Em vista disso, tem-se que, no caso do desenho institucional de gestão do Seguro DPVAT, a opção regulatória pela constituição de um monopólio, uma vez que inexiste possibilidade de qualquer seguradora operar no mercado do Seguro DPVAT sem que adira ao Consórcio, possivelmente esteja relacionada às características sociais de que se reveste o Seguro DPVAT.

Ante o exposto, dada a natureza eminentemente social do Seguro DPVAT, mormente em virtude de haver indenização, mesmo sem o correspondente pagamento de prêmio, bem como a opção regulatória pela gestão centralizada dos recursos dos prêmios arrecadados, atualmente o disciplinamento de sua operação dá-se por preceitos próprios e pode ser sintetizado da seguinte forma: (i) pagamento de prêmio fixado anualmente pelo CNSP para cada uma das categorias de veículos; (ii) administração por consórcio integrado pelas sociedades seguradoras autorizadas a operar no seguro obrigatório, como visto acima; (iii) margem de resultado fixa limitada a 2% (dois por cento) sobre o total da arrecadação dos prêmios pagos pelos proprietários de veículos automotores a ser distribuído entre as consorciadas, independentemente do número de consorciadas; (iv) estabelecimento de diretrizes gerais a serem observadas para consecução de despesas administrativas, na forma do que dispõe a Resolução CNSP nº 332/2015.

Como mencionado, o valor do prêmio é anualmente revisto pelo CNSP, sendo considerada em seu cálculo a estimativa de sinistralidade em cada categoria veicular, a solidariedade entre os segurados, as despesas administrativas, a formação de reservas técnicas, o lucro das seguradoras integrantes Consórcio DPVAT, a comissão de corretagem, bem como os repasses legais para o financiamento de políticas públicas.

No que se refere à operação no mercado desse seguro cogente, a sociedade que pretender ingressar no consórcio deverá atender aos requisitos objetivos estabelecidos pelo CNSP, bem como aderir ao Consórcio. Entrementes, tendo em vista que o consórcio é um instrumento jurídico que dá azo à concentração empresarial, como ensina Penteado (1979), podendo, portanto, caracterizar uma barreira à entrada de novos *players*, as regras de adesão e retirada das seguradoras, estipuladas no contrato de constituição do consórcio, bem como em eventuais aditivos devem ser previamente submetidas e aprovadas pela SUSEP.

A participação de cada seguradora, concernente à margem de resultado de 2% incidentes sobre a arrecadação bruta dos prêmios do seguro entre as consorciadas, é definida basicamente de forma proporcional a seu respectivo patrimônio líquido ajustado no ano-base anterior, bem como as regiões em que cada consorciada está autorizada a operar. Saliente-se, por oportuno, que cada estabelecimento de cada sociedade seguradora que adere ao consórcio funciona como um ponto de atendimento das vítimas e dos beneficiários do Seguro DPVAT, cabendo-lhes, adicionalmente, o reembolso por cada regulação de sinistro que realize, consoante Acórdão nº 3130/2011 – TCU Plenário, de 30/11/2011 (item 2.30).

Assim, ainda de acordo com o que consta do mencionado acórdão do TCU (itens 2.49 e 2.50), à entidade gestora do Consórcio DPVAT compete: (i) o pagamento das indenizações às vítimas de acidentes de trânsito ou a seus beneficiários, se for o caso; (ii) a distribuição da margem de resultado a cada uma das seguradoras consorciadas, na proporção de suas respectivas quotas-partes; assim como (iii) o pagamento das despesas administrativas tidas com fornecedores e prestadores de serviços.

Em linhas gerais, tem-se que o Sistema DPVAT, a partir de sua nova configuração, mantém as mesmas características básicas daquelas vigentes na ocasião do Convênio DPVAT, administrado pela FENASEG, tendo havido tão somente a substituição do instrumento jurídico existente entre as seguradoras autorizadas a operar e a criação de uma entidade sujeita à ação fiscalizatória da SUSEP. Assim, a Figura 2.3 ilustra a sistemática de arrecadação e distribuição de recursos atualmente vigente.

Figura 2.3 – Sistemática de repasse a partir do Decreto 2.867/98 (quadro analítico)

100% PRÊMIO SEGURO DPVAT				
45% SUS	5% DENATRAN	50% Consórcio DPVAT		
		4,75% despesas administrativas do Consórcio	2% margem de resultado das consorciadas	0,7% corretagem de seguros	42,55% Indenizações + provisões técnicas

Contextualizada a estrutura do Consórcio DPVAT, seria possível destacar que o mesmo figura como instrumento jurídico central de uma série de relações contratuais, não necessariamente escritas ou diretamente delegadas – haja vista o que o proprietário de veículo automotor, além de não ter escolha quanto à seguradora com a qual irá contratar o seguro obrigatório, efetua o pagamento do prêmio junto com o pagamento do IPVA.

Pertinente destacar que a regulamentação infralegal concernente à operacionalização do Seguro DPVAT foi reformulada pela Resolução CNSP nº 332, publicada no Diário Oficial da União em 15 de dezembro de 2015, que dentre outras alterações promovidas resultou na unificação dos Consórcios 1 (categorias 1, 2, 9 e 10) e 2 (categorias 3 e 4).

Esse breve histórico a respeito do DPVAT, a partir da criação do SNSP, em 1966, até a última mudança relativa à unificação dos consórcios, foi sintetizado na Figura 2.3 abaixo, a qual apresenta de maneira bastante sucinta as principais informações mencionadas ao longo desse capítulo.

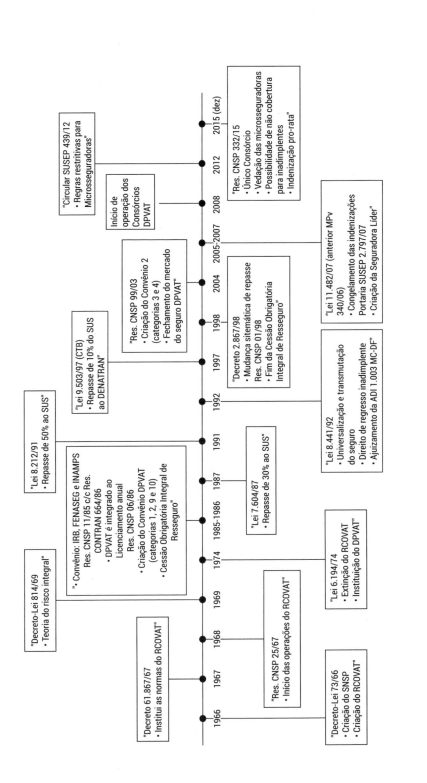

REFERÊNCIAS

ALVIM, Pedro. *O Contrato de Seguro*. 3. ed. Rio de Janeiro: Forense, 1999.

ASCARELLI, Tullio. O contrato plurilateral. In: *Problemas das sociedades anônimas e direito comparado*. São Paulo: Saraiva e Cia., 1945, p. 271-332.

ASCARELLI, Tullio. O negócio indireto. In: *Problemas das sociedades anônimas e direito comparado*. São Paulo: Quorum, 2008.

BRASIL. Conselho Nacional de Seguros Privados. *Resolução CNSP nº 25, de 18 de dezembro de 1967*. Aprova as normas de regulamentação do Seguro Obrigatório de Responsabilidade Civil dos Proprietários de Veículos Automotores de Vias Terrestres. Disponível em: <http://www2.susep.gov.br/bibliotecaweb/docOriginal.aspx?tipo=1&codigo=23332>. Acesso em: 08 de julho 2016.

BRASIL. Conselho Nacional de Seguros Privados. *Resolução CNSP nº 37, de dezembro de 1968*. Regulamenta o Seguro Obrigatório de Responsabilidade Civil dos Proprietários de Veículos Automotores de Vias Terrestres. Disponível em: <http://www2.susep.gov.br/bibliotecaweb/docOriginal.aspx?tipo=1&codigo=23138>. Acesso em: 08 de julho de 2016.

BRASIL. Conselho Nacional de Seguros Privados. *Resolução CNSP nº 11, de 17 de setembro de 1969*. Aprova normas para o seguro RCOVAT. Disponível em: <http://www2.susep.gov.br/bibliotecaweb/docOriginal.aspx?tipo=1&codigo=22889>. Acesso em: 08 de julho de 2016.

BRASIL. Conselho Nacional de Seguros Privados. *Resolução CNSP nº 06, de 25 de agosto de 1970*. Dispõe sobre a administração, pelo IRB, do Fundo Especial de Indenização do Seguro RCOVAT. Disponível em: <http://www2.susep.gov.br/bibliotecaweb/docOriginal.aspx?tipo=1&codigo=22948>. Acesso em: 08 de julho de 2016.

BRASIL. Conselho Nacional de Seguros Privados. *Resolução CNSP nº 01, de 18 de janeiro de 1971*. Aprova as normas de aplicação do Fundo Especial de Indenização do Seguro RCOVAT. Disponível em: <http://www2.susep.gov.br/bibliotecaweb/docOriginal.aspx?tipo=1&codigo=22779>. Acesso em: 08 de julho de 2016.

BRASIL. Conselho Nacional de Seguros Privados. *Resolução CNSP nº 01, de 03 de outubro de 1975*. Aprova normas disciplinadoras do Seguro

DPVAT. Disponível em: <http://www2.susep.gov.br/bibliotecaweb/docOriginal.aspx?tipo=1&codigo=21110>. Acesso de 08 de julho de 2016.

BRASIL. Conselho Nacional de Seguros Privados. *Resolução CNSP nº 02, de 03 de outubro de 1975.* Extingue o Fundo Especial de Indenização do Seguro RCOVAT e aprova normas de regulamentação do Consorcio Especial de Indenização (CEI). Disponível em: <http://www2.susep.gov.br/bibliotecaweb/docOriginal.aspx?tipo=1&codigo=21111>. Acesso em: 08 de julho de 2016.

BRASIL. Conselho Nacional de Seguros Privados. *Resolução CNSP nº 06, de 06 de fevereiro de 1980.* Altera itens das normas disciplinadoras do Seguro DPVAT. Disponível em: <http://www2.susep.gov.br/bibliotecaweb/docOriginal.aspx?tipo=1&codigo=17879>. Acesso em: 08 de julho de 2016.

BRASIL. Conselho Nacional de Seguros Privados. *Resolução CNSP nº 11, de 05 de dezembro de 1985.* Dispõe sobre instrumento de cobrança do Seguro DPVAT. Disponível em: <http://www2.susep.gov.br/bibliotecaweb/docOriginal.aspx?tipo=1&codigo=17605>. Acesso em: 08 de julho de 2016.

BRASIL. Conselho Nacional de Seguros Privados. *Resolução CNSP nº 06, de 25 de março de 1986.* Dispõe sobre o Consorcio de Resseguro com cessão obrigatória integral ao IRB das responsabilidades assumidas pelas seguradoras autorizadas a operar em DPVAT. Disponível em: <http://www2.susep.gov.br/bibliotecaweb/docOriginal.aspx?tipo=1&codigo=17551>. Acesso em: 08 de julho de 2016.

BRASIL. Conselho Nacional de Seguros Privados. *Resolução CNSP nº 99, de 29 de dezembro de 2003.* Aprova as Normas Disciplinadoras do Seguro Obrigatório de Danos Pessoais Causados por Veículos Automotores de Via Terrestre, ou por sua Carga, a Pessoas Transportadas ou não – Seguro DPVAT. Disponível em: <http://www2.susep.gov.br/bibliotecaweb/docOriginal.aspx?tipo=1&codigo=13896>. Acesso em: 08 de julho de 2016.

BRASIL. Conselho Nacional de Seguros Privados. *Resolução CNSP nº 109, de 07 de maio de 2004.* Altera e consolida as Normas Disciplinadoras do Seguro Obrigatório de Danos Pessoais Causados por Veículos Automotores de Via Terrestre, ou por sua Carga, a Pessoas Transportadas ou não – Seguro DPVAT. Disponível em: <http://www2.susep.gov.br/bibliotecaweb/docOriginal.aspx?tipo=1&codigo=15138>. Acesso em: 08 de julho de 2016.

BRASIL. Conselho Nacional de Seguros Privados. *Resolução CNSP nº 154, de 08 de dezembro de 2006*. Altera e consolida as Normas Disciplinadoras do Seguro Obrigatório de Danos Pessoais Causados por Veículos Automotores de Via Terrestre, ou por sua Carga, a Pessoas Transportadas ou não – Seguro DPVAT. Disponível em: <http://www2.susep.gov.br/bibliotecaweb/docOriginal.aspx?tipo=1&codigo=21452>. Acesso em: 08 de julho de 2016.

BRASIL. Conselho Nacional de Seguros Privados. *Resolução CNSP nº 273, de 19 de dezembro de 2012*. Altera e consolida as normas do Seguro Obrigatório de Danos Pessoais Causados por Veículos Automotores de Via Terrestre, ou por sua Carga, a Pessoas Transportadas ou não – Seguro DPVAT. Disponível em: <http://www.normaslegais.com.br/legislacao/resolucao-susep-273-2012.htm>. Acesso em: 08 de julho de 2016.

BRASIL. Conselho Nacional de Seguros Privados. *Resolução CNSP nº 332, de 9 de dezembro de 2015*. Dispõe sobre os danos pessoais cobertos, indenizações, regulação dos sinistros, prêmio, condições tarifárias e administração dos recursos do Seguro Obrigatório de Danos Pessoais Causados por Veículos Automotores de Via Terrestre, ou por sua Carga, a Pessoas Transportadas ou não – Seguro DPVAT. Disponível em: <http://www2.susep.gov.br/bibliotecaweb/docOriginal.aspx?tipo=1&codigo=36999>. Acesso em: 08 de julho de 2016.

BRASIL. Conselho Nacional de Trânsito. *Resolução CONTRAN nº 664, de 15 de janeiro de 1986*. Dispõe sobre os modelos dos documentos de registro e licenciamento de veículos e dá outras providências. Disponível em: <http://leasingabel.com.br/site/Adm/userfiles/res_%20664.pdf>. Acesso em: 08 de julho de 2016.

BRASIL. *Decreto nº 61.867, de 11 de dezembro de 1967*. Regulamenta os seguros obrigatórios previstos no artigo 20 do Decreto-lei nº 73, de 21 de novembro de 1966, e dá outras providências. Disponível em: <http://www.planalto.gov.br/ccivil_03/decreto/1950-1969/d61867.htm>. Acesso em: 08 de julho de 2016.

BRASIL. *Decreto nº 1.017, de 23 de dezembro de 1993*. Dispõe sobre a arrecadação e o recolhimento da parcela do seguro obrigatório de que trata o parágrafo único do art. 27 da Lei nº 8.212, de 24 de julho de 1991. Disponível em: <http://www.planalto.gov.br/ccivil_03/decreto/1990-1994/D1017.htm>. Acesso em: 08 de julho de 2016.

BRASIL. *Decreto nº 2.173, de 05 de março de 1997*. Aprova o Regulamento da Organização e do Custeio da Seguridade Social. Disponível em:

<http://www.planalto.gov.br/ccivil_03/decreto/D2173.htm>. Acesso em: 08 de julho de 2016.

BRASIL. *Decreto nº 2.867, de 08 de dezembro de 1998*. Dispõe sobre a repartição de recursos provenientes do Seguro Obrigatório de Danos Pessoais causados por Veículos Automotores de Vias Terrestres – DPVAT. Disponível em: <http://www.planalto.gov.br/ccivil_03/decreto/D2867.htm>. Acesso em: 08 de julho de 2016.

BRASIL. *Decreto-lei nº 2.681, de 07 de dezembro de 1912*. Disponível em: <http://www.planalto.gov.br/ccivil_03/decreto/D2681_1912.htm>. Acesso em: 08 de julho de 2016.

BRASIL. *Decreto-lei nº 73, de 21 de novembro de 1966*. Dispõe sôbre o Sistema Nacional de Seguros Privados, regula as operações de seguros e resseguros e dá outras providências. Disponível em: <http://www.planalto.gov.br/ccivil_03/Decreto-Lei/Del0073.htm>. Acesso em: 08 de julho de 2016.

BRASIL. *Decreto-lei nº 814, de 04 de setembro de 1969*. Dispõe sôbre o Seguro Obrigatório de Responsabilidade Civil dos Proprietários de Veículos Automotores de Vias Terrestres e dá outras providências. Disponível em: <http://www.planalto.gov.br/ccivil_03/Decreto-Lei/1965-1988/Del0814.htm>. Acesso em: 08 de julho de 2016.

BRASIL. *Lei nº 6.194, de 19 de dezembro de 1974*. Dispõe sobre Seguro Obrigatório de Danos Pessoais causados por veículos automotores de via terrestre, ou por sua carga, a pessoas transportadas ou não. Disponível em: <http://www.planalto.gov.br/ccivil_03/Leis/L6194.htm>. Acesso em: 08 de julho de 2016.

BRASIL. *Lei nº 7.604, de 15 de maio de 1987*. Dispõe sobre a atualização de benefícios da Previdência Social, e dá outras providências. Disponível em: <http://www.planalto.gov.br/CCIVIL_03/LEIS/1980-1988/L7604.htm>. Acesso em: 08 de julho de 2016.

BRASIL. *Lei nº 8.212, de 24 de julho de 1991*. Dispõe sobre a organização da Seguridade Social, institui Plano de Custeio, e dá outras providências. Disponível em: <http://www.planalto.gov.br/ccivil_03/Leis/L8212cons.htm>. Acesso em: 08 de julho de 2016.

BRASIL. *Lei nº 8.441, de 13 de julho de 1992*. Altera dispositivos da Lei no 6.194, de 19 de dezembro de 1974, que trata do Seguro Obrigatório de Danos Pessoais causados por Veículos Automotores de Vias Terrestres (DPVAT). Disponível em: <http://www.planalto.gov.br/ccivil_03/Leis/L8441.htm>. Acesso em: 08 de julho de 2016.

BRASIL. *Lei n° 9.503, de 23 de setembro de 1997*. Institui o Código de Trânsito Brasileiro. Disponível em: <http://www.planalto.gov.br/ccivil_03/leis/L9503.htm>. Acesso em: 08 de julho de 2016.

BRASIL. Superior Tribunal de Justiça. Súmula n°. 257 "A falta de pagamento do prêmio do seguro obrigatório de Danos Pessoais Causados por Veículos Automotores de Vias Terrestres (DPVAT) não é motivo para a recusa do pagamento da indenização". In: FAGA, Tânia Regina Trombini (Org.). *Julgamentos e Súmulas do STF e STJ – 2012*. Rio de Janeiro: Forense; São Paulo: Método, 2012, p. 671.

BRASIL. Supremo Tribunal Federal. *Ação Direta de Inconstitucionalidade n° 1003 MC – DF*, Rel. Min. Celso de Melo, j. 01.08.1994, DJ de 10.09.1999. Disponível em: <http://redir.stf.jus.br/paginadorpub/paginador.jsp?docTP=AC&docID=346747>. Acesso em: 20 de dezembro de 2014.

BRASIL. Supremo Tribunal Federal. *Recurso Extraordinário n° 76.329/PB*, Rel. Min. Thompson Flores, j. 03.09.1973, RTJ 66/927-929. Disponível em: <http://www.stf.jus.br/arquivo/cms/publicacaoRTJ/anexo/066_3.pdf>. Acesso em: 09 de março de 2015.

BRASIL. Supremo Tribunal Federal. *Recurso Extraordinário n° 79.012/PB*, Rel. Min. Leitão Abreu, j. 12.11.1974, RTJ 71/590-592. Disponível em: <http://www.stf.jus.br/arquivo/cms/publicacaoRTJ/anexo/071_2.pdf>. Acesso em: 09 de março de 2015.

BRASIL. Supremo Tribunal Federal. *Recurso Extraordinário n° 80.043/GB*, Rel. Min. Xavier de Albuquerque, j. 22.11.1974, RTJ 72/632-635. Disponível em: <http://www.stf.jus.br/arquivo/cms/publicacaoRTJ/anexo/072_2.pdf>. Acesso em: 09 de março de 2015.

BRASIL. Supremo Tribunal Federal. *Recurso Extraordinário n° 80.240/PR*, Rel. Min. Cordeiro Guerra, j. 28.02.1975, RTJ 73/978-981. Disponível em: <http://www.stf.jus.br/arquivo/cms/publicacaoRTJ/anexo/073_3.pdf>. Acesso em: 09 de março de 2015.

BRASIL. Supremo Tribunal Federal. *Recurso Extraordinário n° 81.239/PR*, Rel. Min. Antonio Neder, j. 24.03.1981, RTJ 98/181-182. Disponível em: <http://www.stf.jus.br/arquivo/cms/publicacaoRTJ/anexo/098_1.pdf>. Acesso em: 09 de março de 2015.

BRASIL. Supremo Tribunal Federal. *Recurso Extraordinário n° 84.464/SP*, Rel. Min. Antonio Neder, j. 24.03.1981, RTJ 98/738-741. Disponível em: <http://www.stf.jus.br/arquivo/cms/publicacaoRTJ/anexo/098_2.pdf>. Acesso em: 09 de março de 2015.

BRASIL. Supremo Tribunal Federal. *Recurso Extraordinário 84.248/MG*, Rel. Min. Aldir Passarinho, j. 04.02.1983, RTJ 106/170-171. Disponível em: <http://www.stf.jus.br/arquivo/cms/publicacaoRTJ/anexo/106_1.pdf>. Acesso em: 09 de março de 2015.

BRASIL. Tribunal de Contas da União. *Acórdão nº 0469/2003 – TCU Plenário*, Rel. Min. Walton Alencar Rodrigues, sessão 07/05/2003. Disponível em: <https://contas.tcu.gov.br/juris/Web/Juris/ConsultarTextual2/Jurisprudencia.faces?numeroAcordao=0469&anoAcordao=2003>. Acesso em: 10 de setembro de 2015.

BRASIL. Tribunal de Contas da União. *Acórdão nº 3130/2011 – TCU-Plenário*, Rel. Min. Valmir Campelo, sessão 30.11.2011. Disponível em: <https://contas.tcu.gov.br/juris/Web/Juris/ConsultarTextual2/Jurisprudencia.faces?colegiado=PLENARIO&anoAcordao=2011&numeroAcordao=3130&>. Acesso em: 26 de dezembro de 2014.

CALDAS, Gilberto. *Danos Pessoais em Seguro Obrigatório*. São Paulo: Pró-Livro, 1978.

CARLINI, Angélica; FARIA, Maria da Glória. Fundamentos jurídicos e técnicos dos contratos de seguro – o Dever de Proteção da Mutualidade. In: MIRAGEM, Bruno; CARLINI, Angélica (Orgs.). *Direito dos Seguros: Fundamentos de Direito Civil, Direito Empresarial e Direito do Consumidor*. São Paulo: Revista dos Tribunais, 2014.

CARVALHOSA, Modesto. *Comentários à Lei de Sociedades Anônimas: Lei nº 6.404/1976*. São Paulo: Saraiva, 1998, p. 337-377.

CASTELLO BRANCO, Elcir. *Seguro Obrigatório de Responsabilidade Civil e dos Proprietários de Veículos Automotores*. São Paulo: Editora Universitária de Direito, 1976.

COLLARES, Alceu; SABBI, Alcides P. *As vítimas do Seguro Obrigatório*. Canoas: Bells, 1975.

CORRÊA, André Rodrigues. *Solidariedade e Responsabilidade: o tratamento jurídico dos efeitos da criminalidade violenta no transporte público de pessoas no Brasil*. São Paulo: Saraiva, 2009.

FARIA, José Eduardo. *O Direito na economia globalizada*. 1. ed., 3ª tiragem. São Paulo: Malheiros, 2002.

FERREIRA, Weber José. *Coleção de introdução à ciência atuarial – noções gerais de seguro*, v. 02 Rio de Janeiro: IRB, 1985.

NEVES, Iêdo Batista. *Seguro Obrigatório (Responsabilidade civil dos Proprietários de veículos automotores)*. Rio de Janeiro: Manoel S. Rodrigues Editor, 1971.

PENTEADO, Mauro Rodrigues. *Consórcios de empresas*. São Paulo: Livraria Pioneira, 1979.

PEREIRA FILHO, Luiz Tavares. Introdução/Apresentação – DPVAT: um seguro em evolução In: *DPVAT: um seguro em evolução*. Rio de Janeiro: Renovar, 2013, p. 01-37.

SAMPAIO, Patrícia Regina Pinheiro. *Regulação e Concorrência: a atuação do CADE em setores de infraestrutura*. São Paulo: Saraiva, 2013.

SANTOS, Ângela M. Medeiros M.; BURITY, Priscilla. O complexo automotivo. In: *BNDES 50 anos: histórias setoriais*, dez/2002. Disponível em: <http://www.bndes.gov.br/SiteBNDES/export/sites/default/bndes_pt/Galerias/Arquivos/conhecimento/livro_setorial/setorial06.pdf>. Acesso em: 26 de agosto de 2015.

SANTOS, Ricardo Bechara. Seguro DPVAT: segurados e beneficiários. In: *DPVAT: um seguro em evolução*. Rio de Janeiro: Renovar, 2013.

THURLER, Fernanda. *Sistema de Consórcio vai gerir o Seguro DPVAT: seguradora nasce como uma das cinco maiores do País*, com volume de R$ 4 bilhões. In: Revista de Seguros. Rio de Janeiro, v. 88, n° 863, out./dez.2007.

UMANN, Sofia Welter. A inflação brasileira nos anos de 1964 a 1979. Porto Alegre (UFRGS), 2010. Disponível em: <https://www.lume.ufrgs.br/bitstream/handle/10183/29479/000776972.pdf?sequence=1>. Acesso em: 02 de setembro de 2015.

XAVIER, Ricardo de Sá Acatauassú. Aspectos operacionais e econômicos. In: *DPVAT: um seguro em evolução*. Rio de Janeiro: Renovar, 2013, p. 39-76.

3. O DPVAT E O CONSÓRCIO

ÉRICA DINIZ
RAFAELA NOGUEIRA

Como já apresentado no capítulo anterior, o seguro obrigatório de trânsito no Brasil é atualmente administrado por um único consórcio composto a partir de algumas empresas seguradoras. Isso significa que as empresas que efetuam a gestão do DPVAT são organizadas por meio de uma associação consorcial. Conforme se depreende de Carvalhosa (1998), um consórcio de empresas é uma associação de companhias ou qualquer outra sociedade que possui uma finalidade comum. Instrumento jurídico usualmente associado a atividades que envolvem custos muito elevados, de forma que as empresas componentes atuam na divisão destes custos. Ressalte-se também que as companhias podem estar sob o mesmo controle ou não ter nenhuma relação de subordinação. Porém, independentemente da existência dessa relação ou não, as empresas consorciadas não perdem sua personalidade jurídica.

Para que um determinado consórcio entre em vigor é necessária a designação de uma administradora que irá representar o grupo de consórcio, podendo ser constituída sob a forma de sociedade limitada ou sociedade anônima. Deve-se mencionar que essa entidade administradora deve, inclusive, figurar no contrato de participação em grupo de consórcio, enquanto gestora do consórcio e mandatária dos interesses e direitos deste.

O consórcio de empresas representa um mecanismo de cooperação institucional que possibilita a pulverização de custos e riscos e a ampliação da capacidade de desempenho de determinada atividade econômica, mas que, ainda assim, preserva a autonomia das consorciadas. No entanto, deve-se ressaltar que, se por um lado, o "cartel consorcial" (CARVALHOSA, 1998, p. 347) possui algumas características positivas, como a eliminação de intermediários e a ampliação do número de estabelecimentos, por outro, é uma clara limitação à concorrência, um movimento de concentração econômica, que reduz o poder do consumidor e pode implicar perdas sociais.

No Brasil, o consórcio foi positivado e permitido a partir da Lei n° 6.404/1976. Porém, a partir da Lei n° 12.529/2011 ficou proibida a formação de consórcio de empresas no caso de restrição à liberdade de comércio, tendo por objetivo a dominação do mercado, a eliminação da concorrência, ou o monopólio na obtenção de elevação de preço, perante a ilegalidade de tais finalidades. No entanto, não são considerados atos de concentração quando destinados às licitações promovidas pela administração pública. Esse arranjo consorcial no Sistema do Seguro DPVAT se deu através de uma evolução histórica, como já explicitado em maiores detalhes no capítulo anterior. No entanto, vale recapitular algumas das principais informações.

Até o ano de 1986, o DPVAT funcionava como um mercado competitivo entre seguradoras. Entre os anos de 1986 a 2007, o seguro obrigatório de trânsito funcionava em um regime de Convênio. Em 2006, houve uma mudança dessa estrutura. A Resolução CNSP n° 154/2006 estabeleceu a criação de dois consórcios para o seguro obrigatório de trânsito no Brasil, um para categorias de uso individual, e outro para categorias de uso coletivo, o que representou uma grande mudança na estrutura de mercado vigente no seguro obrigatório de trânsito no Brasil. Essa nova legislação institui a Seguradora Líder, representativa de ambos os consórcios que entraram oficialmente em operação no ano de 2008. Posteriormente, no ano de 2015, a Resolução CNSP n° 332/2015, que entrou em vigor no primeiro dia do ano de 2016, unificou os dois consórcios em um, que representa e administra os recursos advindos de todos os veículos automotores. Entre os argumentos apresentados por DUARTE (2016) na justificativa para a criação do Convênio, isto é, para a concentração deste mercado, pode-se mencionar:

- a intenção de evitar problemas advindos de crises de natureza inflacionária e crescimentos repentinos do número de acidentes, que poderiam reduzir os incentivos a operar o Seguro DPVAT, tornando disperso o número de seguradoras, além de causar déficits tarifários;
- problemas de liquidação extrajudicial de alguma seguradora, o que poderia deixar os contratantes do seguro em desamparo em caso de acidente;
- ausência de controle efetivo em relação à contratação do seguro obrigatório, o que causaria uma alta taxa de inadimplência (no final do período competitivo do mercado DPVAT a inadimplência chegou a 80%);

- percepção de seleção adversa por parte das seguradoras, que tenderiam a evitar operar o seguro em regiões com maior número e probabilidade de ocorrência de acidentes.

Dessa forma, desde 1986, no que tange ao DPVAT, a gestão do seguro obrigatório é feita por meio de um monopólio formado por um conjunto de seguradoras. Neste ano, englobava apenas as categorias 1, 2, 9 e 10; as demais continuaram em livre concorrência até o ano de 2004, no qual passaram também à gestão coletiva. A partir do início do ano de 2016, as mesmas são dispostas em um único consórcio, que é administrado pela Seguradora Líder. Esta representa os consórcios administrativamente e judicialmente. Entre as funções da Seguradora Líder podem ser mencionadas: recolher os prêmios pagos, coordenar a emissão dos bilhetes dos seguros contratados, revisar a regulação e liquidar os sinistros a pagar e as despesas de administração com os recursos do consórcio. As consorciadas são responsáveis pela análise e regulação dos sinistros, enquanto a Seguradora Líder efetua a revisão final dos sinistros e o pagamento das indenizações. É importante ressaltar que para operar neste mercado, as sociedades seguradoras deverão aderir imediatamente ao Consórcio DPVAT, não sendo permitida a operação em paralelo. Como entidade gestora do Consórcio DPVAT, a Seguradora Líder representava em julho de 2016 um conjunto de 77 consorciadas.[45] Dessa forma, é importante entendermos quais são essas empresas e como elas estão dispostas. A Tabela 3.1 abaixo apresenta a relação completa das consorciadas do Seguro DPVAT referente ao mês de agosto de 2016:[46]

---

45 Existe uma constante mudança no número de empresas consorciadas, porém de pequena variabilidade. A título de exemplo, podemos mencionar que, em dezembro de 2015, a Seguradora Líder possuía 76 (setenta e seis) consorciadas. Apesar de ser constatada a presença de 77 consorciadas no ano de 2016, não é conveniente afirmar que a mudança ocorreu apenas na entrada de uma empresa a mais. Pode ter ocorrido de uma ou mais empresas terem saído do consórcio e outras entraram em mesmo número, mantendo a quantidade de consorciadas estável.

46 Disponível em: <https://www.seguradoralider.com.br/Pages/Seguradoras-Consorciadas.aspx>. Acesso em: 31 de agosto de 2016.

Tabela 3.1 – Seguradoras Consorciadas

ACE Seguradora S/A	CesceBrasil Seguros de Garantias e Credito S/A
AIG Seguros Brasil S/A	Chubb do Brasil Companhia de Seguros
Alfa Previdência e Vida S/A	
Alfa Seguradora S/A	Companhia de Seguros Aliança da Bahia
Aliança do Brasil Seguros S/A	Companhia de Seguros Aliança do Brasil
American Life Companhia de Seguros	
Angelus Seguros S/A	Companhia de Seguros Previdência do Sul
Argo Seguros Brasil S/A	Companhia Excelsior de Seguros
Aruana Seguros S/A	Comprev Seguros e Previdência S/A
Atlântica Companhia de Seguros	Comprev Vida e Previdência S/A
Austral Seguradora S/A	Dayprev Vida e Previdência S/A
Axa Corporate Solutions Seguros S/A	Essor Seguros S/A
Axa Seguros S/A	Fairfax Brasil Seguros Corporativos S/A
Azul Companhia de Seguros Gerais	Fator Seguradora S/A
Banestes Seguros S/A	Generali Brasil Seguros S/A
Bradesco Auto/Re Companhia de Seguros	Gente Seguradora S/A
	Icatu Seguros S/A
Brasil Veículos Companhia de Seguros	Investprev Seguradora S/A
BTG Pactual Seguradora S/A	Investprev Seguros e Previdência S/A
Caixa Seguradora S/A	Itau BMG Seguradora S/A
Capemisa Seguradora de Vida e Previdência S/A	Itau Seguros de Auto e Residência S/A
Cardif do Brasil Seguros e Garantias S/A	J. Malucelli Seguradora S/A
Cardif do Brasil Vida e Previdência S/A	Mapfre Previdência S/A
	Mapfre Seguros Gerais S/A
Centauro Vida e Previdência S/A	

Mapfre Vida S/A	Seguradora Líder dos Consórcios do Seguro DPVAT S/A
MBM Seguradora S/A	
Mitsui Sumitomo Seguros S/A	Sinaf Previdencial Companhia de Seguros
Mongeral Aegon Seguros e Previdência S/A	Sompo Seguros S/A
Nobre Seguradora do Brasil S/A	Starr International Brasil Seguradora S/A
Omint Seguros S/A	Suhai Seguros S/A
Pan Seguros S/A	Swiss Re Corporate Solutions Brasil Seguros S/A
Porto Seguro Companhia de Seguros Gerais	Tokio Marine Seguradora S/A
Porto Seguro Vida e Previdência S/A	Travelers Seguros Brasil S/A
Pottencial Seguradora S/A	União Seguradora S/A - Vida e Previdência
PQ Seguros S/A	
Previmax Previdência Privada e Seguradora S/A	Usebens Seguros S/A
	Vanguarda Companhia de Seguros Gerais
Rio Grande Seguros e Previdência S/A	XL Seguros Brasil S/A
Sabemi Seguradora S/A	Zurich Minas Brasil Seguros S/A
Safra Seguros Gerais S/A	Zurich Santander Brasil Seguros e Previdência S/A
Safra Vida e Previdência S/A	
Sancor Seguros do Brasil S/A	Zurich Vida e Previdência S/A

Organizada por CPDE/FGV DIREITO RIO (2016).

A Tabela 3.1 acima nos informa que o Consórcio DPVAT é constituído por sociedades seguradoras de todo o país. Como previsto na Lei nº 11.795/2008, a Seguradora Líder está entre as consorciadas.

Todas essas sociedades consorciadas podem ser divididas em dois grandes grupos, aquelas que são acionistas da Seguradora Líder e aquelas que não o são (lembrando que a Seguradora Líder é uma sociedade anônima de capital fechado). As seguradoras acionistas são as seguradoras que já estavam na operação do Seguro DPVAT no momento da criação do consórcio, em 2006. O outro grupo é constituído por companhias que entraram para a operação do Seguro DPVAT após a constituição do consórcio e que, portanto, não são acionistas da entidade líder. Atualmente, as empresas podem se tornar acionistas da Seguradora Líder mediante pedido, desde que façam parte do consórcio. Em julho de 2016, a Líder contava com 56 seguradoras acionistas.[47]

É importante ressaltar que o ingresso e a saída de seguradoras participantes do consórcio ocorrem de forma dinâmica, e as seguradoras podem entrar e sair do consórcio livremente, de acordo com o princípio de livre iniciativa econômica. A única ressalva é que as regras para entrada e saída devem estar previstas em contrato e alterações deverão ser aprovadas pela SUSEP. Por outro lado, não se pode esquecer que o consórcio é o único meio legal de operação do Seguro DPVAT, impondo certos limites a essa livre iniciativa.

Essa aprovação de entrada concedida pela SUSEP se baseia em uma série de condições que a sociedade seguradora deve cumprir, quais sejam: (i) estar com reservas técnicas devidamente constituídas e cobertas, de acordo com as normas fixadas pelo Conselho Monetário Nacional (CMN) e aprovadas pela SUSEP; (ii) possuir patrimônio líquido ajustado superior ao capital mínimo e à margem de solvência exigidos pela legislação vigente; (iii) não estar em débito com a SUSEP em decorrência de multas administrativas, em decisões transitadas em julgado; (iv) ter a sociedade seguradora liquidado os débitos referentes a ações judiciais com trânsito em julgado; e (v) ter o representante legal da sociedade seguradora assinado o instrumento padrão de adesão aos consórcios do Seguro DPVAT.

No caso de alguma seguradora deixar de observar qualquer uma das condições expostas acima ou se for comprovada a má condução técnica ou financeira dos respectivos negócios pela seguradora a SUSEP poderá, após intimação e manifestação de interesse, suspender a autorização para operar no Seguro DPVAT. Por outro lado, se alguma seguradora se desligar do consórcio, suas provisões técnicas e seus respectivos bens referentes ao Seguro DPVAT deverão ser distribuídos às demais integrantes do Consórcio, por meio da Seguradora Líder.

---

47 http://www2.camara.leg.br/atividade-legislativa/comissoes/comissoes-temporarias/parlamentar-de-inquerito/55a-legislatura/cpi-dpvat/documentos/audiencias-publicas/07-07.16/apresentacao-ricardo-xavier-diretor-presidente-da-seguradora-lider-dpvat

Ainda é válido expor como são definidas as participações das sociedades seguradoras no mercado do Seguro DPVAT para que possamos completar nossa análise acerca da estrutura deste consórcio. A participação em quotas de cada seguradora depende essencialmente de dois fatores de igual importância.

O primeiro é a definição proporcional ao patrimônio líquido ajustado de cada seguradora no ano-base anterior e o segundo é baseado nas regiões em que cada consorciada está autorizada a operar.

Quanto às regiões, deve-se efetuar o cálculo da divisão entre cada região de operação, de forma proporcional ao volume total de prêmios emitidos do Seguro DPVAT em cada uma delas no ano anterior ao do cálculo. Para todo valor obtido, deve-se efetuar a divisão simples entre o total de seguradoras participantes autorizadas a operar naquela região.

Como essas quotas são dispostas em um montante de percentual fixo de lucro (este ponto acerca da margem de lucro será melhor apresentado na seção 3.3), fica fácil perceber que quanto mais consorciadas, mais diluída será a quota de cada componente.

Para entender melhor a forma como se dá essa divisão, apresentamos um exemplo simplificado com as seguintes informações:
- existem cinco seguradoras no consórcio DPVAT: Seguradora A, que possui patrimônio líquido de R$ 500,00 e as Seguradoras B, C, D e E, que possuem patrimônio líquido de R$ 250,00 cada uma;
- existem três regiões de aplicação: Na região 1 foram emitidos 1.000 prêmios no ano passado; na região 2 foram emitidos 2.000 prêmios; e na região 3 foram emitidos 500 prêmios;
- na região 1, estão autorizadas a operar as Seguradoras B e C. A região 2 é de responsabilidade das Seguradoras A e E. Por último, a Seguradora D é responsável pela região 3.

Como é definido pela Resolução CNSP nº 332/2015, de todo o montante bruto arrecadado, o agregado das seguradoras consorciadas no Sistema DPVAT tem direito a uma margem de lucro de 2% como indicado no Gráfico 3.1 abaixo. Essa fatia é a que será dividida de acordo com as quotas de participação mencionadas acima, objetivo final deste exemplo. Como foi dito, 50% dessa margem lucro será baseada no patrimônio líquido e os outros 50%, no sistema de divisão de regiões. É interessante analisar esses dois quesitos separadamente.

Gráfico 3.1 – Divisão das Participações

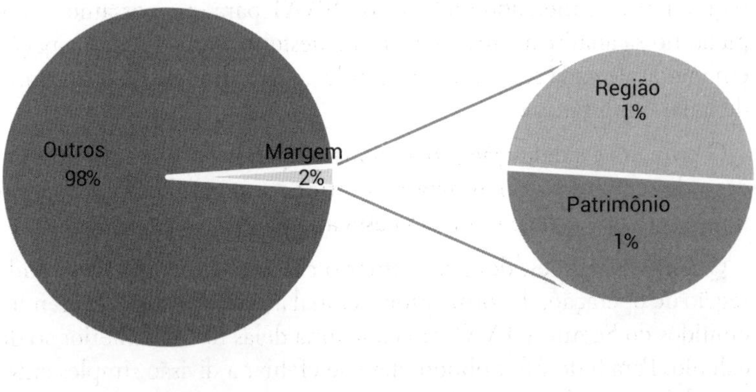

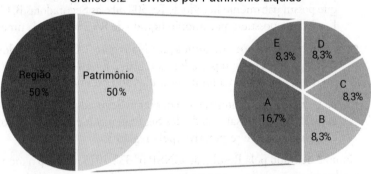

Organizado por CPDE/FGV DIREITO RIO (2016).

Já que no primeiro quesito a divisão se dá de forma proporcional ao patrimônio líquido do ano-base anterior, quanto maior o patrimônio líquido ajustado de uma determinada seguradora, maior sua participação. Nesse caso, a Seguradora A teria o dobro de participação das demais seguradoras, que dividiriam partes iguais entre si. Sendo assim, a divisão da margem de lucro se daria da forma apresentada no Gráfico 3.2 abaixo.

Gráfico 3.2 – Divisão por Patrimônio Líquido

Organizado por CPDE/FGV DIREITO RIO (2016).

Por outro lado, o cálculo de acordo com o quesito "região" é um pouco mais complexo. Primeiramente, cada região terá uma quota determinada de participação. Como se emitiu o dobro de prêmios na região 2 em relação à região 1 e o quádruplo em relação à região 3, então 4/7 serão destinados à região 2, 2/7 serão reservados para a região 1 e 1/7 será próprio da região 3. Feito isso, as participações de uma determinada região serão divididas pelo número de seguradoras que são autorizadas a operar nela. Portanto, dos 4/7 da segunda região, 2/7 serão da Seguradora A e 2/7 da Seguradora E. O mesmo se aplica às demais regiões. A estrutura dessas divisões segundo o quesito "região" estão expostas no Gráfico 3.3.

Gráfico 3.3 – Divisão por Região

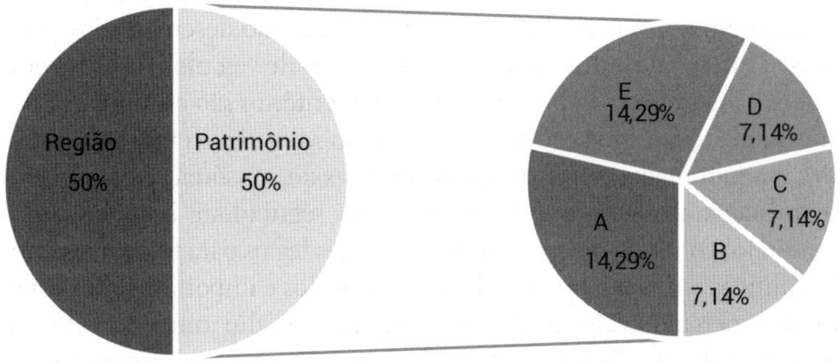

Organizado por CPDE/FGV DIREITO RIO (2016).

Por fim, somando os dois quesitos, temos os seguintes resultados: de toda a margem de lucro, 31% é direcionado à Seguradora A, 15% para a Seguradora B, 15% para a Seguradora C, 15% para a Seguradora D e 22% para a Seguradora E.

A Seguradora Líder conta também com um programa chamado "Programa Parceiro DPVAT", no qual corretores de seguro podem receber um convite para participar ou procurar uma Seguradora Consorciada. Os pré-requisitos para participação no programa são: (i) ser corretor de seguros (pessoa jurídica) regularmente inscrito na SUSEP; (ii) estar habilitado para atuar em todos os ramos de seguros ou vida; (iii) ter data de início das atividades como corretor superior a 12 meses; e (iv) ter aderido ao código de ética da Federação Nacional dos Corretores de Seguros Privados e de Resseguros, de Capitalização, de Previdência Privada, das Empresas Corretoras de Seguros e de Resseguros. Esses parceiros auxiliam as operações da Seguradora Líder, isto é, desde a arrecadação dos prêmios do seguro ao pagamento das indenizações às vítimas de acidentes de trânsito. Além disso, recebem uma ajuda de custo para cada sinistro recepcionado e encaminhado para a Seguradora Consorciada. É pertinente mencionar que 0,7% do total arrecadado pela Seguradora Líder com o Seguro DPVAT é repassado ao FDES. Os repasses serão melhor explicados na seção 3.3. Esse programa foi criado com o intuito de diminuir a ação dos atravessadores, que atuam auxiliando vítimas de acidentes de trânsito e pedem uma porcentagem da indenização pelo seu trabalho.

3.1. VALOR DO PRÊMIO E CLASSIFICAÇÃO DOS VEÍCULOS

O prêmio do seguro é definido e revisado anualmente pelo CNSP, baseado em estudos estatísticos e atuariais que são desenvolvidos pela SUSEP. Este valor varia de acordo com o tipo de veículo com base em critérios adotados pelo próprio CNSP. Os critérios são a estimativa de sinistralidade em cada categoria veicular, solidariedade entre os segurados, magnitude das despesas administrativas do consórcio, necessidade de formação de reservas técnicas, lucro das seguradoras integrantes do consórcio, comissão de corretagem e repasses legais para financiamento de políticas públicas. Ter ciência desses critérios é importante para uma análise acerca do valor do prêmio. Este valor inclui ainda R$ 4,15 do custo do bilhete e 0,38% de IOF (imposto de operações financeiras), logo o prêmio total consiste na soma do IOF, do custo do bilhete e do prêmio tarifário.[48]

Os pagamentos dos prêmios de seguro estão condicionados à categoria que cada veículo se enquadra. Existem sete categorias, cujo valor do prêmio varia entre R$ 105,65 e R$ 396,49. Observa-se que o total do prêmio tarifário arrecadado é dividido segundo a seguinte regra: 5% é repassado para o DENATRAN, 45% repassado para o SUS e os 50% restantes são utilizados para administração do consórcio, como será melhor explicado na seção 3.3. Segundo a Portaria Interministerial MS/MCid/MF n° 293/2012, o prêmio do Seguro DPVAT será arrecadado pela rede bancária. O repasse é feito diretamente e sem qualquer retenção, por meio da Guia de Recolhimento da União (GRU), repassando diretamente via Sistema de Pagamento Brasileiro (SPB) à Conta Única do Tesouro Nacional. A fiscalização da repartição legal dos recursos arrecadados com o DPVAT é competência do Banco Central do Brasil (BACEN).

---

48 Ou prêmio puro: "valor correspondente ao prêmio pago, excluindo-se o carregamento, os impostos e o custo de emissão de apólice, se houver; (Resolução CNSP 117/04)" Definição extraída do Glossário de Seguros disponível no sítio eletrônico da Superintendência de Seguros Privados (http://www.susep.gov.br/menu/informacoes-ao-publico/glossario). Acesso em: 13 de agosto de 2016.

Essa descrição das categorias veiculares segue apresentada abaixo na Tabela 3.2, assim como seus respectivos valores de prêmio correntes a partir do ano de 2016.[49] A primeira coluna de valores, "Prêmio Tarifário" indica os valores dos prêmios sem o cálculo do custo do bilhete e IOF. É sobre este valor que incide as porcentagens de repasse de 45% ao SUS e 5% ao DENATRAN. A coluna seguinte apresenta os prêmios já acrescidos do custo do bilhete e do IOF, são esses valores que devem ser efetivamente pagos pelos proprietários de veículos.

Tabela 3.2 – Valor do Seguro DPVAT

Categoria	Tipo de Veículo	Prêmio Tarifário	Prêmio Total
1	Automóveis e camionetas particulares/oficial, missão diplomática, corpo consular e órgão internacional	R$ 101,10	R$ 105,65 (somente à vista)
2	Táxis, carros de aluguel e aprendizagem	R$ 101,10	R$ 105,65 (somente à vista)
3	Ônibus, Micro-ônibus e lotação com cobrança de frete (urbanos, interurbanos, rurais e interestaduais	R$ 390,84	R$ 396,49 à vista ou 3x de R$ 134,00
4	Micro-ônibus com cobrança de frete mas com lotação não superior a 10 passageiros e Ônibus, Micro-ônibus e lotações sem cobrança de frete (urbanos, interurbanos, rurais e interestaduais)	R$ 242,33	R$ 247,42 à vista ou 3x de R$ 84,30
8	Ciclomotores	R$ 130,00	R$ 134,66 (somente à vista)
9	Motocicletas, motonetas e similares	R$ 286,75	R$ 292,01 à vista ou 3x de R$ 99,17
10	Caminhões, caminhonetes tipo "pick-up" de até 1.500 Kg de carga, máquinas de terraplanagem e equipamentos móveis em geral (quando licenciados) e outros veículos	R$ 105,81	R$ 110,38 (somente à vista)

Fonte: Seguradora Líder – DPVAT
Organizada por CPDE/FGV DIREITO RIO (2016).

---

49 http://www.seguradoralider.com.br/Pages/tabela-de-premios-completa-2016.aspx

É possível observar que a diferença entre os menores prêmios, referentes às categorias 1 e 2, englobando principalmente automóveis, e o maior prêmio, pago por proprietários de veículos que se enquadram na categoria 3, que inclui ônibus e micro-ônibus com cobrança de frete é de R$ 290,84, isto é, uma diferença de 275%.

Também é relevante analisar a evolução dos valores dos prêmios tarifários ao longo dos últimos anos (valor do prêmio total decrescido do custo do bilhete e do IOF). A Tabela 3.3 abaixo apresenta essas informações.

Tabela 3.3 – Evolução do Valor dos Prêmios (R$ – em valores correntes)

Ano	Categorias 1 e 2	Categoria 3	Categoria 4	Categoria 8	Categoria 9	Categoria 10
2008	84,55	379,39	257,27	-	254,16	93,79
2009	86,61	339,74	210,65	-	254,16	93,79
2010	86,61	339,74	210,65	-	254,16	93,79
2011	96,63	390,84	242,33	-	274,06	101,13
2012	96,63	390,84	242,33	-	274,06	101,13
2013	101,1	390,84	242,33	-	286,75	105,81
2014	101,1	390,84	242,33	-	286,75	105,81
2015	101,1	390,84	242,33	-	286,75	105,81
2016	101,1	390,84	242,33	130	286,75	105,81
Taxa de Crescimento Nominal	19,57%	3,02%	-5,81%	-	12,82%	12,82%
Taxa de Crescimento Real	-23,00%	-33,66%	-39,34%	-	-27,35%	-27,35%

Fonte: Seguradora Líder. Organizada por CPDE/FGV DIREITO RIO (2016).

Para o cálculo da variação real na Tabela 3.3 apresentada acima e nas Tabelas 3.11 e 3.18 que serão apresentadas mais adiante neste capítulo, foi utilizada a série histórica do Índice de Preços ao Consumidor (IPCA), fornecida pelo Instituto Brasileiro de Geografia e Estatística, IBGE. Os dados foram deflacionados a valores de 2008.

Como é possível observar, em termos nominais, houve um aumento do preço dos prêmios em todas as categorias, excetuando-se a categoria 4. Em termos reais, houve uma redução nos valores dos prêmios em todas as categorias. Em outras palavras, as variações reais ocorridas foram negativas se corrigidas pela inflação, ou seja, é como se o preço dos prêmios tivesse caído considerando-se o efeito da inflação.

Uma informação interessante é o critério utilizado para a definição de preço relativo entre as diferentes categorias. O principal critério para essa definição é o número de acidentes envolvendo cada uma dessas categorias. Por esse motivo e como mostrado na Tabela 3.3 acima, motocicletas, representadas pela categoria 9, pagam um valor consideravelmente maior que caminhões (categoria 10), por exemplo. Conforme será apresentado na Tabela 3.8, no ano de 2011, enquanto as indenizações pagas para a categoria que abrange caminhões representaram 5% do total, a categoria de motocicletas esteve envolvida em 65% das indenizações. Na seção seguinte deste capítulo, serão apresentadas as indenizações pagas por categoria desde a criação do consórcio em 2008, na Tabela 3.7.

Outro fator importante na definição desses prêmios preços é a taxa de inadimplência em cada categoria. A categoria que engloba motocicletas, motonetas e similares (categoria 9) possui uma taxa de inadimplência bem superior às demais, conforme será visto na Tabela 3.4, o que exige uma elevação no prêmio de seguro para cobrir a parcela inadimplente. No entanto, deve-se ressaltar o efeito ambíguo desse movimento uma vez que esse aumento para cobrir inadimplência pode gerar ainda mais inadimplência, especialmente tendo em vista o fato de que muitas pessoas de baixa renda optam pelo uso da motocicleta por esta ser mais barata e de mais fácil financiamento que os demais automóveis. Dessa forma, para que se reduza o preço das alíquotas é crucial a redução do número de acidentes e da taxa de inadimplência.

Como será melhor abordado na seção 3.3, é destinado ao DENATRAN 5% do arrecadado com o seguro DPVAT visando a redução de acidentes através da promoção de educação no trânsito. Além disso, houve também a implantação do Blog "Viver seguro no Trânsito", administrado pela própria Seguradora Líder.

Entretanto, ao olharmos para os dados apresentados na Tabela 3.4, observa-se que a taxa de inadimplência não vem sendo reduzida. Nos anos de 2013 e 2014, todas as categorias apresentaram aumento da inadimplência. Em particular, a categoria que engloba ônibus, micro--ônibus e vans apresentou uma queda da adimplência em 3%, maior que as outras categorias apresentadas, que tiverem uma diminuição da adimplência em apenas 1%.

Tabela 3.4 – Adimplência
(Relação Bilhetes Pagos/Frota) por tipo de veículo

Ano	Automóveis	Ônibus/Micro-Ônibus e Vans	Motocicletas	Caminhões	Total
2013	76%	79%	60%	80%	72%
2014	75%	76%	59%	79%	71%

Fonte: Seguradora Líder. Organizada por CPDE/FGV DIREITO RIO (2016).

Segundo a Associação Brasileira dos Fabricantes de Motocicletas, Ciclomotores, Motonetas, Bicicletas e Similares (ABRACICLO), no ano de 2014, 41,2% dos motociclistas não pagaram o seguro obrigatório DPVAT, com uma estimativa de 9,5 milhões de veículos circulando sem o licenciamento. Como foi mostrado na Tabela 3.3, o valor da indenização no ano de 2014 para categoria 9 foi de R$ 292,01 (valor do prêmio acrescido do custo do bilhete de R$ 4,15 e 0,38% de IOF). Se multiplicarmos esse valor ao número estimado de motocicletas que não pagaram o seguro obrigatório calculado pela ABRACICLO, o valor total de seguros não pagos por proprietários desse tipo de veículo seria em torno de R$ 2.774 milhões.

Avaliando a inadimplência[50] de uma forma geral, houve um crescimento, como pode ser visto na tabela a seguir:

---

50 O cálculo da inadimplência estabelecido pela Seguradora Líder é feito pelo confronto entre bilhetes do DPVAT pagos e a frota prevista pelo DENATRAN, como consta no relatório de sustentabilidade da mesma, disponível em: <https://www.seguradoralider.com.br/Documents/relatorio-de-sustentabilidade/Relatorio-de-Sustentabilidade.pdf>. Conforme será explicado adiante, o cálculo realizado para prever a frota correspondente aos veículos que devem pagar o seguro obrigatório não resulta no mesmo valor usado pela Seguradora Líder. No entanto, ao calcularmos os valores das inadimplências anuais, estes coincidem com os previstos pela Seguradora.

Tabela 3.5 — Inadimplência

Ano	Bilhetes Pagos (em milhões)	Frota	Inadimplência
2008	39,8	53.316.906	25,3%
2009	42,8	58.077.537	26,4%
2010	47,5	63.406.984	25%
2011	50,2	68.989.616	27,2%
2012	53,8	74.434.950	27,7%
2013	57,6	79.721.692	27,7%
2014	60,4	84.652.132	28,7%
2015	61,1	88.496.827	31%
Taxa de Crescimento	53%	66%	22%

Fonte: Seguradora Líder e DENATRAN
Organizada por CPDE/FGV DIREITO RIO (2016).

A partir da Tabela 3.5, é possível observar que houve um incremento na frota total e, consequentemente, no total de bilhetes pagos. No entanto, a frota total apresentou um aumento maior comparado ao incremento do número dos bilhetes pagos, o que contribui para o aumento que houve no cálculo da inadimplência de 22% entre os anos de 2008 e 2015.

No que tange aos problemas de inadimplência, um avanço importante feito nos últimos anos foi a implementação da possibilidade de parcelamento do prêmio para as categorias que possuem um valor de seguro mais elevado (nessas categorias acima de R$ 200,00, o pagamento pode ser feito em até três parcelas, de forma mensal e consecutiva). Esse pagamento parcelado terá seu vencimento associado às três primeiras parcelas do IPVA. Já o pagamento à vista, válido para todas as categorias, terá seu vencimento na primeira parcela ou na cota única do IPVA. Caso o veículo esteja isento do pagamento do IPVA, o vencimento do prêmio à vista se dará juntamente com o emplacamento ou o licenciamento anual. Porém, não é permitido o parcelamento do prêmio no primeiro licenciamento do veículo ou referente a exercícios anteriores (em atraso).

Deve-se ressaltar que, caso o veículo esteja sendo licenciado pela primeira vez, o seguro será pago proporcionalmente ou *pro rata*. O valor a pagar corresponderá aos meses em que o veículo estará coberto até o fim do exercício.

Um questionamento que pode surgir se refere à classificação dos veículos englobados nas categorias 8 e 10, pois os termos "ciclomotores" e "equipamentos móveis em geral e outros veículos" podem não parecer tão claros quanto aos veículos que se referem. Em ciclomotores (categoria 8) são incluídos veículos de duas ou três rodas, providos de motor de combustão interna, cuja cilindrada não exceda a cinquenta centímetros cúbicos e cuja velocidade máxima não exceda a 50 km/h. Além disso, inclui veículos de duas ou três rodas, provido de motor de propulsão elétrica com potência máxima de 4 kw, cujo peso máximo (incluindo condutor e passageiro) não exceda a 140 kg e cuja velocidade máxima não ultrapasse a 50 km/h. Já a categoria 10 inclui máquinas de terraplanagem, caminhonetas tipo "pick-up" de até 1.500 kg de carga e caminhões; veículos que utilizem "chapas de experiência" e "chapas de fabricante" para trafegar em vias públicas; tratores de pneus, com reboques acoplados; e reboques e semirreboques destinados ao transporte de passageiros e de carga.

As bicicletas elétricas, a partir da Resolução CONTRAN nº 465/2013, são classificadas como bicicletas convencionais e, dessa forma, estão isentas do pagamento do seguro obrigatório, desde que sigam as seguintes condições:

I. potência nominal máxima de até 350 Watts;

II. velocidade máxima de 25 km/h;

III. serem dotadas de sistema que garanta o funcionamento do motor somente quando o condutor pedalar (pedal assistido ou pedelec);

IV. não dispor de acelerador ou de quaisquer outros dispositivos de variação manual de potência;

V. estarem dotadas de: indicador de velocidade, campainha, sinalização noturna dianteira, traseira e lateral, espelhos retrovisores em ambos os lados, pneus em condições mínimas de segurança;

VI. uso obrigatório de capacete de ciclista.

Por outro lado, há uma série de veículos que estão excluídos do Consórcio DPVAT. Entre eles estão os veículos enviados por fabricantes a concessionários e distribuidores, que trafegam por suas próprias rodas, para diversos pontos do país, nas chamadas "viagens de entrega", desde que regularmente licenciados (estes veículos terão cobertura por meio de bilhete único emitido exclusivamente a favor de fabricantes e concessionários); veículos pertencentes aos Órgãos de Administração Pública Direta, Indireta, Autárquica e Fundacional dos Governos Estaduais que estejam obrigados a contratar seguros em seguradora sob controle acionário de qualquer dos referidos órgãos públicos e a canalizar recursos para programas de seguro rural, respeitando as normas tarifárias e condições aprovadas pelo CNSP. Não se pode esquecer que o Seguro DPVAT não cobre danos pessoais decorrentes de acidentes envolvendo estes veículos que não estão obrigados ao licenciamento.

3.2. ESTRUTURA DAS INDENIZAÇÕES

A cobertura do Seguro DPVAT compreende indenizações por três causas: morte, invalidez permanente e reembolso de Despesas de Assistência Médica e Suplementares (DAMS). Cada uma dessas três coberturas se associam a valores e regras diferentes, de forma que é útil analisar cada caso separadamente.

No caso de morte, o valor da indenização é de **R$ 13.500,00** fixos e é dividido de acordo com a quantidade de beneficiários, quais sejam: cônjuge (ou alguém que esteja em posição equiparada a este) e os herdeiros da vítima. Na falta destas pessoas, poderão ser beneficiários aqueles que provarem que a morte da vítima os privou dos meios necessários à subsistência, conforme Resolução CNSP nº 332/2015.

No caso de invalidez permanente, a indenização será paga à vítima num valor de *até* R$ 13.500,00. A invalidez não pode ser reversível, ou seja, deve ser obrigatoriamente permanente. O valor da indenização será apurado (desde que esteja terminado o tratamento) tomando-se por base o percentual da incapacidade de que for portadora a vítima, de acordo com a tabela anexa à Lei nº 6.194/1974. Para isto, verifica-se a parte do corpo invalidada, levando em conta a importância da mesma. Para, danos corporais considerados totais (como a perda funcional e/ou anatômica de dois membros) paga-se 100% do valor da indenização, danos corporais de membros considerados apenas segmentares (como a perda funcional e/ou anatômica de um dos membros ou de um dedo) paga-se de 70% a 10% do valor da indenização, dependendo da importância do membro e dos danos corporais de órgãos e estruturas corporais considerados como segmentares (como a perda da audição ou da fala) paga-se de 50% a 10% do valor da indenização conforme o grau da mesma. Tal tabela está apresentada abaixo:

Tabela 3.6 – Grau de Invalidez

Danos Corporais Totais	Percentual da Perda
Perda anatômica e/ou funcional completa de ambos os membros superiores ou inferiores	100
Perda anatômica e/ou funcional completa de ambas as mãos ou de ambos os pés	100
Perda anatômica e/ou funcional completa de um membro superior e de um membro inferior	100
Perda completa da visão em ambos os olhos ou cegueira legal bilateral	100
Lesões neurológicas com dano cognitivo comportamental alientante; impedimento do senso de orientação espacial e/ou do livre delocamento corporal; perda completa do controle esfincteriano; comprometimento de função vital ou autônomica	100
Lesões de órgãos e estruturas crânio-faciais, cervicais, torácicos, abdominais, pélvicos ou retroperitoneais cursando com prejuízos funcionais não compensáveis de ordem autônomica, respiratória, cardiovascular, digestiva, excretora ou de qualquer outra espécie, desde que haja comprometimento de função vital	100

Danos Corporais Segmentares (membros superiores e inferiores)	Percentual da Perda
Perda anatômica e/ou funcional completa de um dos membros superiores e/ou de uma das mãos	70
Perda anatômica e/ou funcional completa de um dos membros inferiores	70
Perda anatômica e/ou funcional completa de um dos pés	50
Perda completa da mobilidade de um dos ombros, cotovelos, punhos, dedos polegares, quadril, joelhos ou tornozelos	25
Perda anatômica e/ou funcional completa de qualquer um dentre os outros dedos da mão (exceto polegares)	10
Perda anatômica e/ou funcional completa de qualquer um dos dedos do pé	10

REGULAÇÃO DO SEGURO DPVAT: MARCO REGULATÓRIO E ECONÔMICO

Danos Corporais Segmentares (Órgãos e Estruturas Corporais)	Percentual da Perda
Perda aditivatotal bilateral (surdez completa) ou da fonação (mudez completa) ou da visão de um olho	50
Perda completa da mobilidade de um segmento da coluna vertebral exceto o sacral	25
Perda integral (retirada cirúrgica) do baço	10

Fonte: Lei nº 6.194/1974.
Organizado por CPDE/FGV DIREITO RIO (2016).

Para o caso de reembolso por DAMS, o valor máximo da indenização é de *até* R$ 2.700,00 e varia em função das despesas efetivas. Assim como no caso de invalidez permanente, a DAMS é paga diretamente à vítima. Tal categoria cobre despesas médico-hospitalares decorrentes de acidente de trânsito efetuadas em estabelecimentos da rede credenciada junto ao SUS, desde que realizadas em caráter privado, e despesas suplementares, tais como fisioterapia, medicamentos, equipamentos ortopédicos, órteses, próteses e outras medidas terapêuticas. É válido ressaltar que todas esses procedimentos devem ser previamente justificados pelo médico.

Por outro lado, o seguro não cobre as DAMS quando forem cobertas por outros planos ou seguros privados de saúde, assim como quando as despesas não forem especificadas quanto aos valores por parte do prestador do serviço na nota fiscal. Despesas e operações suportadas pelo SUS também não são cobertas pelo Seguro DPVAT. O valor das indenizações pagas por DAMS é controlado pela Seguradora Líder, com a tutela da entidade reguladora, para evitar fraudes.[51] Esse controle se dá por meio da utilização de uma tabela de valores de mercado no mínimo 50% superiores aos da tabela do SUS.

Após termos analisado as regras inerentes às três coberturas especificadas (morte, invalidez permanente e DAMS), é necessário mencionar algumas outras regras gerais de indenização. Primeiramente é válido ressaltar que as indenizações por morte e invalidez não são cumulativas, isto é, no caso de morte da vítima em decorrência do mesmo acidente que já havia provocado o pagamento de indenização por invalidez permanente, a Seguradora Líder pagará ao beneficiário a diferença entre o valor da indenização por morte e o valor já pago pela indenização por

---

51 A questão das fraudes será melhor comentada mais adiante.

invalidez anterior. Por outro lado, o reembolso de DAMS não pode ser descontado da indenização por morte ou invalidez permanente.

As pessoas que estão aptas a receber as indenizações do seguro DPVAT são todos os pedestres, passageiros e motoristas (estes últimos devem apresentar o pagamento do seguro obrigatório em dia), independentemente de o veículo causador do dano ser o culpado e ser identificado ou não.

Por outro lado, o proprietário de veículo que não efetuar o pagamento do prêmio do Seguro DPVAT até o vencimento será considerado inadimplente e se sujeitará a duas importantes consequências: (i) no caso de acidente causado por veículo não identificado, a indenização será paga pela Seguradora Líder para cada pessoa vitimada. Porém, se o causador for identificado posteriormente e não estiver em dia com o pagamento do seguro obrigatório, a Seguradora Líder poderá, mediante ação própria contra o responsável, haver o ressarcimento da importância efetivamente indenizada e, (ii) por outro lado, sendo a ocorrência do acidente posterior ao vencimento do seguro e este não estiver devidamente pago, o proprietário do veículo não terá direito à indenização, conforme conta na Resolução CNSP nº 332/2015. Além disso, circular com um veículo sem o Seguro DPVAT quitado, implica em multa de R$ 191,54, sete pontos na carteira e apreensão do veículo, sendo considerado infração gravíssima.

De maneira geral, a solicitação da indenização deverá ser feita em até três anos a contar da ocorrência do acidente. Ou seja, prescreve em três anos o direito de requerer a indenização, conforme Súmula 405 do STJ. Esse ponto é importante, pois significa que, para o equilíbrio financeiro do Seguro DPVAT, é necessário ter recursos arrecadados suficientes para efetuar o pagamento das indenizações já solicitadas e ainda fazer uma projeção para os pedidos de indenização de vítimas de trânsito que ainda podem ser solicitadas.

A Seguradora Líder disponibiliza uma lista por cidades dos pontos de atendimento nos quais podem ser solicitadas as indenizações, incluindo seguradoras consorciadas, agências próprias dos Correios, postos do DETRAN, Ministério Público (MP) e parceiros, somando um total de mais de oito mil pontos em todo o território brasileiro.[52] Os pedidos de indenizações devem ser enviados às consorciadas. Em julho de 2016,

---

52 Disponível em: <https://www.seguradoralider.com.br/Pages/Pontos-
-de-Atendimento-Autorizados.aspx>

foram contabilizados 314 pontos de atendimento de consorciadas,[53] de um total de mais de oito mil pontos autorizados. No entanto, apenas 30 empresas atuam dessa forma em todo o território brasileiro, isto é, 61% das seguradoras que participam do consórcio não possuem ponto de atendimento.[54]

É válido mencionar que o beneficiário ou a vítima devem apresentar a documentação necessária para cada caso (morte, invalidez ou DAMS) para que possa receber a indenização devida. Caso seja detectada alguma falha em um dos documentos ou existência de indícios de fraude, a Seguradora Líder deve, no prazo de 30 dias, notificar o beneficiário ou a vítima acerca da interrupção do prazo para a regulação do acidente, solicitando os documentos ou esclarecimentos para elucidação dos fatos, conforme indica a Resolução CNSP nº 332/2015. Se toda a documentação estiver correta, a Seguradora Líder terá trinta dias para pagar as indenizações devidas. Caso a seguradora não pague até este prazo determinado, os valores são atualizados segundo o IPCA e a juros moratórios. Observa-se que os reembolsos ou indenizações são pagos em cheque nominal, identificando-se expressamente o beneficiário ou vítima, ou através de depósito ou Transferência Eletrônica de Dados (TED) para a conta corrente ou poupança do beneficiário ou vítima.

Existem, no Brasil, inúmeros casos de fraude no pedido das indenizações pelo DPVAT. A Superintendência de Combate à Fraude, pertencente à Seguradora Líder, em 2014, apresentou 7.076 tentativas de fraudes comprovadas, gerando uma economia de R$ 56,6 milhões em indenizações que poderiam ser pagas indevidamente.

---

53 Disponível em: <http://www2.camara.leg.br/atividade-legislativa/comissoes/comissoes-temporarias/parlamentar-de-inquerito/55a-legislatura/cpi-dpvat/documentos/audiencias-publicas/07-07.16/apresentacao-ricardo-xavier-diretor-presidente-da-seguradora-lider-dpvat>

54 A empresa Mapfre Seguros Gerais S/A é a que possui mais pontos de atendimento no Brasil, contabilizando 119 no total. Além disso, atua em 22 estados, não mais apenas que a Capemisa Seguradora de Vida e Previdência S/A, que atua em 24. O Estado que possui mais pontos de atendimento é São Paulo, com um total de 85 e, junto com o Rio de Janeiro, é o estado que possui mais empresas atuando, com um total de 19 (dados de maio de 2016). Disponível em: <https://www.seguradoralider.com.br/Pages/Pontos-de-Atendimento-Autorizados.aspx>

As fraudes ocorrem, em sua maioria, em modificações do grau do acidente, pedidos para acidentes que não de trânsito, e inclusive para casos onde não houve sequer acidente. Desse modo, os principais métodos de fraudes são: (i) o aliciamento de vítimas de acidentes desinformadas, para que estas permitam que a intermediação do pedido da indenização seja realizada pelos fraudadores (e com isso os fraudadores pegam parte da indenização para eles); e (ii) falsificação de documentos com a finalidade de receber a indenização de danos que não ocorreram em acidentes envolvendo automóveis ou receber a indenização de terceiros sem a ciência destes.

Como exemplo, é válido citar um caso que ocorreu no ano de 2015. A partir de suspeitas sobre uma organização criminosa, foi realizada uma operação no início do referido ano, chamada "Tempo de Despertar", pela Polícia Federal (PF) em conjunto com o MP, com o intuito de combater fraudes no Seguro DPVAT nos estados de Minas Gerais, Rio de Janeiro e Bahia. Os investigadores identificaram que o grupo criminoso utilizava diversas formas de fraudes, entre elas, ajuizamento de ações judiciais por escritórios de advocacia sem conhecimento e autorização da parte autora, falsificação de assinaturas em procurações e declarações de residência falsa, ajuizamento de ações, de forma simultânea, em comarcas distintas, sem relação com o local do acidente e sem que as vítimas tivessem conhecimento do ajuizamento de ação, entre outras práticas. As fraudes contavam com um grupo organizado e com ramificações em diversas áreas da administração pública, policiais civis e militares, empresários, médicos, enfermeiros, advogados e agenciadores de seguros. Apenas no Norte de Minas Gerais, foi estimado R$ 28 milhões pagos em indenizações fraudadas.

O Ministério Público e a Polícia Federal defendem a ideia de que o modo de pagamento das indenizações do seguro deve ser alterado, passando a utilizar instituições bancárias e os Correios, com o intuito de evitar que o pagamento seja feito por intermédio de seguradoras e empresas. Segundo a Seguradora Líder, houve um incremento, em 2015, no combate às fraudes, com a comprovação de 7.124 tentativas de fraudes, que gerariam uma perda de R$ 82,9 milhões se fossem pagas. Em comparação com o ano de 2014, o aumento na identificação de fraudes não foi tão significativo. Ademais, é estimado pela Polícia Federal que todas as fraudes referentes ao seguro ocorridas, no Brasil, equivalem aproximadamente ao montante de 1 bilhão de reais, valor que representa 25% do destinado às indenizações do seguro em 2014.

Por último, no que tange à estrutura indenizatória, é preciso acompanhar certas discussões normativas acerca do valor das indenizações. Muito se critica o fato de as indenizações não serem suficientes para cobrir as despesas efetivas que as vítimas têm em casos de acidente no trânsito. Além disso, desde 2007, o valor do prêmio aumentou para todas as categorias em termos nominais, como foi visto na Tabela 3.3 da seção 3.1, porém o valor das indenizações ficou congelado. O argumento da Seguradora Líder é que o valor da indenização só pode mudar se for aprovado em lei pelo poder legislativo. Portanto, ela não pode agir quanto a isso.

Hoje em dia, ainda tramitam no Congresso Nacional projetos de lei que propõem indexar a indenização ao salário mínimo, como o Projeto de Lei (PL) nº 2.913/2011. Contudo, é improvável que seja aceito devido à inconstitucionalidade da medida.[55] Além do caráter inconstitucional, esta proposta vem sendo descartada desde 2007 por causa da política de valorização do salário mínimo que, a partir de 2006, teve aumento muito superior à inflação.

Esta discussão é tão relevante que, em meados de 2015, o STJ – no julgamento do Recurso Especial nº 1.483.620/SC, tomando por base decisão do STF, prolatada em 2014 na ADI 4.350/DF (impetrada em face da lei que fixou o valor das indenizações), na qual a Suprema Corte se manifestou no sentido de que a atualização dos valores das indenizações do Seguro DPVAT compete ao Legislativo – encaminhou ao Congresso Nacional sugestão de atualização dos valores das coberturas indenizatórias do Seguro DPVAT. Vale registrar, não obstante, que o ministro relator manifestou entendimento de que o Poder Judiciário deveria preencher a lacuna deixada pelo Legislativo nesta questão e impor a atualização das indenizações.

É interessante também observar as indenizações pagas às vítimas desde o início de operação do Consórcio DPVAT, em 2008, para se ter ideia do peso que estas representam na evolução da despesa das seguradoras. Dessa forma, a primeira tabela a ser analisada é referente às indenizações pagas por categorias de veículo, em quantidade de vítimas:

---

55 O artigo 7º da Constituição prevê que somente a previdência social pode ter seus valores indexados ao salário mínimo.

Tabela 3.7 – Número de indenizações pagas por categoria de veículos

Ano	Categorias 1 e 2	Categorias 3 e 4	Categoria 9	Categoria 10	Total
2008	94.020	6.155	153.662	18.166	272.003
2009	89.047	5.945	145.699	15.781	256.472
2010	78.322	5.911	153.341	14.777	252.351
2011	101.973	8.418	239.082	16.883	366.356
2012	127.755	10.382	351.262	18.516	507.915
2013	151.416	12.289	450.538	19.602	633.845
2014	147.012	14.435	580.063	21.855	763.365
2015	124.267	13.100	497.009	17.973	652.349
Taxa de Crescimento	32%	113%	223%	-1%	140%

Fonte: Seguradora Líder – DPVAT.
Organizada por CPDE/FGV DIREITO RIO (2016).

Para melhor compreensão dos dados apresentados, é válido lembrar que as categorias 1 e 2 englobam principalmente automóveis, as categorias 3 e 4 englobam ônibus e micro-ônibus, a categoria 9 abrange motocicletas, e a categoria 10 engloba caminhões. A categoria 8 não possui nenhum dado até o ano de 2015 pois o DPVAT incluiu ciclomotores a partir da Resolução 332/15 do CNSP, que entrou em vigor em 1º de janeiro de 2016.

Com base nas variações apresentadas, com exceção da categoria 10, todas as demais apresentaram um aumento significante de número de indenizações, destacando-se principalmente a categoria 9 que apresentou um aumento de 223% das indenizações pagas para acidentes envolvendo motocicletas de 2008 a 2015, e as categorias 3 e 4, relativas aos ônibus e micro-ônibus, que apresentaram aumento de 113%. No total, as indenizações pagas aumentaram em 140% de 2008 a 2015.

Tabela 3.8 – Porcentagem de Indenizações pagas por categoria

Ano	Categorias 1 e 2	Categorias 3 e 4	Categoria 9	Categoria 10
2008	35%	2%	56%	7%
2009	35%	2%	57%	6%
2010	31%	2%	61%	6%
2011	28%	2%	65%	5%
2012	25%	2%	69%	4%
2013	24%	2%	71%	3%
2014	19%	2%	76%	3%
2015	19%	2%	76%	3%
Média	27%	2%	66%	4%

Fonte: Seguradora Líder – DPVAT.
Organizada por CPDE/FGV DIREITO RIO (2016).

A Tabela 3.8 acima nos permite identificar que a categoria 9 sempre representou mais da metade do número total de pagamento de indenizações. Em 2008, essa categoria correspondia a 56% da totalidade, percentual que atingiu 76%, em 2015, tendo essa categoria apresentado uma média de 66% das indenizações dentro desse período. Na sequência, a categoria 1 relativa aos automóveis apresentou uma média de 27% das indenizações pagas. No entanto, ressalta-se que sua contribuição para a totalidade decresceu ao longo do período correspondendo a 35%, em 2008, e atingindo 19% em 2015. Logo em seguida, está a categoria 10, com média de 4%, também apresentando uma redução do número de indenizações pagas. Por último, as categorias 3 e 4 foram as que apresentaram menor número de indenizações pagas, apenas 2% do total em todos os anos.

Como foi dito, um dos fatores que altera o valor do prêmio é a quantidade de acidentes por categoria. Em 2011, todas as categorias sofreram aumento no valor do prêmio, como pode ser visto na Tabela 3.3. Isso pode ter sido uma consequência do aumento de indenizações também em todas as categorias do ano de 2010 para o ano de 2011. Pode-se identificar pela tabela acima que a categoria com maior número de acidentes é a 9, categoria que apresenta o segundo maior prêmio, menor apenas do que aquele pago na Categoria 3. A tabela abaixo apresenta o número de vítimas para cada 1000 unidades de veículos, divididas pelas categorias.

Tabela 3.9 – Número de vítimas para cada 1000 unidades de veículos

Ano	Categorias 1 e 2	Categorias 3 e 4	Categoria 9	Categoria 10
2008	2,78	9,72	11,82	3,14
2009	2,44	8,83	9,98	2,52
2010	1,99	8,18	9,35	2,15
2011	2,41	10,75	13,04	2,24
2012	2,82	12,45	17,60	2,27
2013	3,13	13,83	21,00	2,23
2014	2,87	15,43	25,37	2,31
2015	2,33	13,56	20,64	1,82

Fonte: Seguradora Líder e DENATRAN.
Organizada por CPDE/FGV DIREITO RIO (2016).

É possível perceber que o número de vítimas por quantidade de veículos que se enquadram na categoria 9 aumentou consideravelmente em termos percentuais, correspondendo a um aumento de 75% desde 2008. A tabela também ilustra que os veículos desta categoria são os que mais resultam em vítimas e, consequentemente, em indenizações. Por isso, é esperado que um aumento da relação entre veículos da categoria 9 e veículos totais aumente mais do que o número de indenizações em relação ao aumento total da frota. Fato que também é preocupante pois são os proprietários de motocicletas (que representam a maioria dos veículos desta categoria) que apresentam os maiores graus de inadimplência, como é possível foi vistor na Tabela 3.4.

Outra análise relevante que pode ser feita é em relação às indenizações pagas por natureza do sinistro, mostrada na tabela a seguir:

Tabela 3.10 – Indenizações pagas por natureza do sinistro

Ano	Morte Quantidade de Vítimas	Morte R$ milhões	Invalidez Quantidade de Vítimas	Invalidez R$ milhões	DAMS Quantidade de Vítimas	DAMS R$ milhões	Total Quantidade de Vítimas	Total R$ milhões
2008	57.116	785.341	89.474	547.308	125.413	142.410	272.003	1.475.059
2009	53.052	828.564	118.021	881.391	85.399	98.129	256.472	1.808.084
2010	50.780	782.727	151.558	1.174.688	50.013	71.371	252.351	2.028.786
2011	58.134	838.393	239.738	1.362.692	68.484	86.798	366.356	2.287.883
2012	60.752	769.561	352.495	1.492.202	94.668	86.435	507.915	2.348.198
2013	54.767	708.085	444.206	1.748.126	134.872	102.077	633.845	2.558.288
2014	52.226	673.733	595.693	2.249.341	115.446	81.808	763.365	3.004.882
2015	42.501	584.512	515.751	1.848.945	94.097	64.030	652.349	2.497.487
Total	429.328	5.970.916	2.506.936	11.304.693	768.392	733.058	3.704.656	18.008.667
Porcentagem do Total	12%	33%	68%	63%	21%	4%	-	-

Fonte: Seguradora Líder – DPVAT.Organizada por CPDE/FGV DIREITO RIO (2016).

Como é possível observar na Tabela 3.10 acima, os sinistros de invalidez permanente são os que apresentaram maior número de indenizações pagas nos anos de 2008 a 2015, com uma quantidade equivalente a 68% do total das indenizações pagas às vítimas. Os casos de morte representam 12% da totalidade das vítimas e 33% das indenizações. É pertinente observar que o número e, consequentemente, o valor dos sinistros pagos para casos de morte vem diminuindo desde 2008. Os casos de DAMS apresentam uma maior porcentagem na quantidade de pagamentos de indenizações em relação aos casos de morte, calculada em 21%. Porém, como o valor pago a DAMS é de no máximo R$ 2.700,00, a porcentagem em relação ao valor total pago é consideravelmente menor do que a quantidade de vítimas, representando apenas 4% do total.

Também é válido notar que a quantidade de indenizações pagas sofreu um aumento entre os anos de 2008 e 2015 de 140%. Já quanto ao valor pago, o crescimento foi menor, de aproximadamente 69%. Dessa forma, a quantidade de vítimas teve um aumento maior do que a que houve no valor pago em indenizações.

Por fim, é possível observar a trajetória das indenizações por região, como mostrado a seguir na Tabela 3.11:

Tabela 3.11 – Indenizações pagas por região (R$ milhares – em valores correntes)

Ano	Centro-Oeste	Nordeste	Norte	Sudeste	Sul	Total
2008	121.826	307.391	164.730	515.606	365.505	1.475.058
2009	164.586	385.314	201.851	553.178	503.153	1.808.082
2010	221.743	485.943	196.615	535.016	589.468	2.028.785
2011	218.246	653.584	213.778	602.326	599.949	2.287.883
2012	252.289	744.124	211.087	656.377	484.320	2.348.197
2013	265.389	863.391	233.160	731.730	464.617	2.558.287
2014	309.592	1.083.882	283.711	889.617	438.077	3.004.879
2015	274.799	848.746	210.960	790.473	372.507	2.497.485
Taxa de Crescimento Nominal	125,57%	176,11%	28,06%	53,31%	1,92%	69,31%
Taxa de Crescimento Real	45,26%	77,80%	-17,53%	-1,28%	-34,37%	9,03%
Média	228.559	671.547	214.487	659.290	477.200	2.251.082
Porcentagem do Total	10,15%	29,83%	9,53%	29,29%	21,20%	-

Fonte: Seguradora Líder – DPVAT. Organizada por CPDE/FGV DIREITO RIO (2016).

As regiões Sudeste e Nordeste são as que apresentaram maior número de indenizações por acidente de trânsito, com uma porcentagem na média de 29,29% e 29,83%, respectivamente. A região Sul ficou um pouco abaixo com uma porcentagem de 21,2% do total e, por último, as regiões Centro-Oeste e Norte mostraram resultados menores, de 10,15% e 9,53%, respectivamente. Esses resultados podem ser consequências do total da frota que cada região possui, como será visto mais adiante, na Tabela 3.14.

Todas as regiões apresentaram um aumento nas indenizações pagas, apenas a região Sul apresentou um acréscimo não significativo em termos nominais. A região Nordeste apontou um aumento considerável de 176,11%. Dessa forma, uma parte do aumento das indenizações totais pode ser explicada pelo aumento expressivo de indenizações pagas nesta região. A região Centro-Oeste também apresentou um aumento relevante no número de indenizações entre os anos de 2008 e 2015, de 125,57%.

Para uma avaliação em termos reais dos dados apresentados, é necessário olhar para a quantidade de indenizações pagas por região, mostrados na Tabela 3.12 a seguir:

Tabela 3.12 – Quantidade de indenizações pagas por região

Ano	Centro-Oeste	Nordeste	Norte	Sudeste	Sul	Total
2008	17.254	47.509	16.584	83.678	106.978	272.003
2009	17.135	49.142	19.038	73.655	97.502	256.472
2010	21.350	61.316	21.254	70.501	77.930	252.351
2011	27.196	99.010	35.101	94.242	110.807	366.356
2012	41.954	147.850	48.449	128.905	140.757	507.915
2013	58.525	186.965	61.770	156.152	170.433	633.845
2014	77.396	258.351	81.958	207.480	138.180	763.365
2015	66.628	213.726	62.658	192.724	116.613	652.349
Taxa de Crescimento	286,2%	349,9%	277,8%	130,3%	9%	140%

Fonte: Seguradora Líder – DPVAT.
Organizada por CPDE/FGV DIREITO RIO (2016).

De acordo com a Tabela 3.11, pudemos ver que em termos reais, o valor das indenizações pagas diminuiu nas regiões Norte, Sudeste e Sul. Como a Tabela 3.12 mostra que houve um aumento na quantidade de indenizações pagas nessas regiões, é possível afirmar que o valor das indenizações pagas reduziu quando deflacionadas, o que pode ser explicado pelo fato de o valor das indenizações não ter aumentado desde a criação do consórcio.

Como base para comparação sobre a variação das indenizações pagas e dos prêmios arrecadados, podemos olhar para a evolução das frotas por categoria de veículo, como mostra a Tabela 3.13 a seguir.[56]

Tabela 3.13 – Porcentagem da frota de veículos por categoria

Ano	Categorias 1 e 2	Categorias 3 e 4	Categoria 8	Categoria 9	Categoria 10	Total
2008	63,42%	1,19%	0,16%	24,38%	10,85%	53.316.906
2009	62,77%	1,16%	0,15%	25,15%	10,77%	58.077.537
2010	62,01%	1,14%	0,15%	25,87%	10,83%	63.406.984
2011	61,23%	1,14%	0,16%	26,58%	10,91%	68.989.616
2012	60,96%	1,12%	0,17%	26,81%	10,94%	74.434.950
2013	60,77%	1,11%	0,18%	26,91%	11,03%	79.721.692
2014	60,53%	1,11%	0,19%	27,01%	11,16%	84.652.132
2015	60,31%	1,09%	0,25%	27,21%	11,14%	88.496.827
Taxa de Crescimento	58%	53%	167%	85%	70%	66%

Fonte: DENATRAN. Organizada por CPDE/FGV DIREITO RIO (2016).

56 O número da frota de cada categoria foi calculado com base nos dados do DENATRAN, da seguinte forma: categoria 1 e 2: automóvel, camioneta e utilitário, categoria 3 e 4: ônibus e micro-ônibus, categoria 8: ciclomotor, categoria 9: motocicleta, motoneta e triciclo e categoria 10: caminhão, caminhão trator, caminhonete, chassi plataforma, trator de esteira e trator de rodas. A Seguradora Líder disponibiliza em seu site um Boletim Estatístico que apresenta o número de veículos por categoria, porém para se chegar nesse número é necessário se contabilizar utilitário como categoria 10, quadriciclo como categoria 8 e 9 (as categorias 8 e 9 são calculadas conjuntamente) e desconsiderar trator de rodas e trator de esteiras como categoria 10 e o total é referente apenas aos veículos cobertos pelo seguro DPVAT

As categorias que apresentam uma maior porcentagem da frota são as categorias 1 e 2, englobando principalmente automóveis, com 60,31% do total da frota em 2015, seguidos da categoria 9, com 27,21% também no ano de 2015. A frota de veículos, no Brasil, vem aumentando desde 2008, principalmente de veículos ciclomotores, que apresentou um aumento de 40% de 2014 para 2015. É interessante lembrar que esses veículos passaram a fazer parte de uma única categoria em 2016 (antes integravam a categoria 9), o que pode ser explicado pelo grande crescimento da frota de ciclomotores que tem como consequência o aumento do número de acidentes de trânsito.

Também é possível fazer uma comparação dos dados de indenização com a frota de veículos por região brasileira, com base na tabela abaixo.

Tabela 3.14 – Frota de veículos no Brasil por região

Ano	Centro-Oeste	Nordeste	Norte	Sudeste	Sul	Total
2008	4.789	7.331	2.206	28.620	11.561	54.507
2009	5.282	8.295	2.506	30.844	12.436	59.362
2010	5.820	9.470	2.849	33.296	13.383	64.818
2011	6.381	10.722	3.211	35.843	14.387	70.544
2012	6.937	11.940	3.574	38.277	15.409	76.137
2013	7.499	13.127	3.938	40.598	16.438	81.601
2014	8.009	14.257	4.298	42.756	17.380	86.700
2015	8.397	15.223	4.601	44.425	18.040	90.687
Taxa de Crescimento	75%	108%	109%	55%	56%	66%
Média	6.659	11.331	3.392	37.060	14.898	73.340
Porcentagem do Total	9%	15%	5%	51%	20%	-

Fonte: DENATRAN.
Organizada por CPDE/FGV DIREITO RIO (2016).

De acordo com a Tabela 3.14 acima, a frota total vem aumentando, ou seja, houve um aumento da frota de veículos em todos os estados. Entre os anos de 2008 e 2015, a frota total aumentou em 66%. O Sudeste foi o estado que apresentou a maior frota, com uma porcentagem de 51% do total (da média calculada). Depois Sul e o Nordeste apresentaram 20% e 15%, respectivamente e, com as menores frotas estão o Centro-Oeste com 9% e o Norte com 5%.

Os resultados desta tabela correspondem aos resultados vistos na Tabela 3.11, na qual o maior número de indenizações pagas se concentrou na região Sudeste, assim como a maior porcentagem da frota aparece nesta região. De igual modo, o crescimento do número de indenizações pagas concorda com o aumento da frota no Brasil. Podemos observar que o aumento das indenizações pagas foi maior que o aumento da frota nas regiões, com exceção do Sudeste, onde o aumento da frota foi menor que o aumento das indenizações pagas, apesar da diferença ser pequena, e da região Sul, que apresentou um aumento das indenizações de 9% entre 2008 e 2015, enquanto o aumento da sua frota foi de 156%. No total, a frota apresentou um aumento menor que a alteração nas indenizações pagas, porém a diferença foi relativamente pequena.

3.3. DESTINAÇÃO DOS RECURSOS

O Seguro DPVAT possui uma peculiaridade considerável: nem todo o valor arrecadado com os prêmios é destinado à manutenção da seguradora e ao pagamento das indenizações. Pelo contrário, os recursos são destinados também à promoção de políticas públicas e ao financiamento do sistema público de saúde do país. Sendo assim, é necessário entender a proporção em que os recursos são divididos, assim como a justificativa para cada destino. Dessa forma, os recursos são divididos da seguinte maneira:

Metade de todos os recursos (50%) é destinada à entidade gestora do Seguro DPVAT. Em particular, 4,75% da totalidade são destinados às despesas administrativas do *pool* de seguradoras para cobrir suas despesas administrativas. Para a margem de lucro das seguradoras, é reservado 2% de todos os recursos arrecadados. Ademais, 0,7% é destinado aos custos médios de corretagem de seguro, que deverá ser recolhida ao FDES, administrado pela FUNENSEG. Por último, 42,55% dos recursos do consórcio são destinados ao pagamento puro das indenizações mais o IBNR (*Incurred But Not Reported*), que serve para garantir o pagamento das indenizações dos acidentes que ocorreram e ainda não foram comunicados, mas que, segundo estimativa baseada em cálculos atuariais, serão avisados em até três anos.

Outros 45% dos recursos totais são destinados ao FNS, visando financiar o SUS. A justificativa para essa destinação dos recursos pauta-se no ressarcimento dos gastos que o sistema público de saúde brasileiro possui com acidentes de trânsito. Essas informações serão apresentadas em maiores detalhes na seção 3.3.1 a seguir. Por último, 5% da totalidade dos recursos é destinada ao DENATRAN para promover educação e prevenção de acidentes de trânsito. Este fator é uma tentativa de conter o número desses acidentes no país a partir de conscientização pública. Vale ressaltar que essa divisão dos recursos arrecadados está prevista por lei e a Seguradora Líder não pode fazê-la de outra forma. Destarte, cabe à gestora administrar os recursos ao menor custo possível, pois gastos desnecessários refletem na necessidade de se majorar o prêmio do seguro.

Para melhor compreensão de como ocorrem os repasses dos prêmios arrecadados, é interessante observar o histórico das porcentagens definidas pelo CNSP para a destinação dos recursos, desde 2009, ano após o início de operação da Seguradora Líder, até o ano de 2015, antes da unificação dos consórcios, observando-se a mudança das porcentagens de valores repassados em decorrência da Resolução da CNSP nº 305/2013.

Tabela 3.15 – Percentuais de repasse dos prêmios tarifários arrecadados

Período	Despesas Administrativas		Custo Médio de Corretagem		Prêmio Puro + IBNR	
	Categorias 1, 2, 9 e 10	Categorias 3 e 4	Categorias 1, 2, 9 e 10	Categorias 3 e 4	Categorias 1, 2, 9 e 10	Categorias 3 e 4
2014 - 2015	3,92%	7,13%	0,5%	8%	43,58%	32,87%
2009 - 2013	3,44%	6,56%	0,5%	8%	44,06%	33,44%

Fonte: SUSEP.
Organizada por CPDE/FGV DIREITO RIO (2016).

A porcentagem definida para a margem de lucro desde 2009 (Resolução CNSP nº 332/2015), assim como os repasses para o SUS e para o DENATRAN, em 45% e 5% respectivamente, por isso estes não estão demonstrados na tabela. Apesar dessa determinação da porcentagem sobre a destinação dos recursos, na maioria dos anos, os repasses não seguem o valor definido, excluindo-se o resultado das consorciadas, como observado na porcentagem destinada ao pagamento de indenizações mais provisões técnicas que é sempre superior aos 42,55%, pois a constituição de provisões técnicas sempre é maior que a diferença entre os 42,55% do total arrecadado e a despesa com pagamentos de indenizações, estipulado como demonstrado na Tabela 3.16 a seguir, onde os valores negativos são os repasses do consórcio:

Tabela 3.16 – Repasses do DPVAT em porcentagem

	2009	2010	2011	2012	2013	2014	2015
Arrecadação Bruta	100%	100%	100%	100%	100%	100%	100%
Repasse para SUS e DENATRAN	-50%	-50%	-50%	-50%	-50%	-50%	-50%
Total arrecadado para operação do DPVAT	50%	50%	50%	50%	50%	50%	50%
Despesas com pagamentos de indenizações	-37,6%	-39,6%	-40,1%	-39,8%	-40,1%	-46%	-39,1%
Constituição de provisões técnicas	-9,1%	-9,0%	-7,1%	-8,5%	-8,3%	-6,7%	-7%
Pagamento de indenizações mais provisões técnicas	-47%	-48,6%	-47,2%	-48,3%	-48,4%	-52,7%	-46,1%
Despesas Operacionais	-3,2%	-3,4%	-3,6%	-3,5%	-3,2%	-3,8%	-3,6%
Despesas com PIS e COFINS	-1%	-0,9%	-0,9%	-1%	-1%	-0,9%	-1,1%
Resultado Operacional	-0,9%	-2,8%	-1,8%	-2,9%	-2,6%	-7,5%	-0,8%
Resgate de provisões técnicas	2,9%	4,8%	3,8%	4,9%	4,6%	9,5%	2,8%
Resultado Operacional antes dos impostos e contribuições	2%	2%	2%	2%	2%	2%	2%
Imposto de Renda e Contribuição Social	-0,8%	-0,8%	-0,8%	-0,8%	-0,8%	-0,8%	-0,8%
Resultado das Consorciadas	1,2%	1,2%	1,2%	1,2%	1,2%	1,2%	1,2%

Fonte: Seguradora Líder – DPVAT. Organizada por CPDE/FGV DIREITO RIO (2016).

Em valores correntes, as arrecadações e as destinações desses anos podem ser vistas na Tabela 3.17 a seguir. Vale destacar o baixo valor das despesas com pagamentos de indenizações em relação à arrecadação bruta:

Tabela 3.17 – Desempenho de DPVAT
(R$ milhões – em valores correntes)

	2009	2010	2011	2012	2013	2014	2015
Arrecadação Bruta	5.409,2	5.979,4	6.706,5	7.143,9	8.029,8	8.468,1	8.654,1
Repasse para SUS e DENATRAN	-2.705,1	-2.899,2	-3.353,8	-3.572,3	-4.015,6	4.234,6	-4.327,6
Total arrecadado para operação do DPVAT	2.704,1	2.898,2	3.352,8	3.571,6	4.014,2	4.233,5	4.326,5
Despesas com pagamentos de indenizações	-2.034,3	-2.295,9	-2.691,5	-2.845,4	-3.221,9	-3.897,1	-3.381,4
Constituição de provisões técnicas	-490,3	-519,9	-477,8	-610,0	-663,2	-569,7	-608,4
Pagamento de indenizações mais provisões técnicas	-2.524,6	-2.815,7	-3.169,3	-3.455,4	-3.885,1	-4.466,8	-3.989,8
Despesas Operacionais	-175,7	-196,0	-244,2	-253,3	-260,2	-325,8	-310,8
Despesas com PIS e COFINS	-54,8	-50,4	-60,6	-71,3	-80,9	-74,0	-97,3
Resultado Operacional	-51,0	-137,0	-121,2	-208,4	-212,0	-633,1	-71,4
Resgate de provisões técnicas	158,7	279,4	254,9	350,9	371,9	802,1	244,0
Resultado Operacional antes dos impostos e contribuições	107,7	142,4	133,6	142,5	159,9	169,0	172,6
Imposto de Renda e Contribuição Social	-43,8	46,2	-53,5	-57,0	-64,0	-67,6	-71,1
Resultado das Consorciadas	54,5	69,3	80,2	85,5	95,9	101,4	101,5

Fonte: Seguradora Líder – DPVAT. Organizada por CPDE/FGV DIREITO RIO (2016).

As variações nas despesas em geral do consórcio DPVAT, como despesas operacionais, com impostos e com o pagamento de indenizações, é justificável pela difícil previsibilidade destes gastos e pelas mudanças que ocorrem no número de acidentes de trânsito e na taxa de inadimplência, o que impacta a arrecadação do seguro obrigatório. No entanto, em cada ano, a porcentagem destinada às despesas com pagamentos de indenizações mais a constituição de provisões técnicas para o pagamento de indenizações ultrapassa a porcentagem definida. Além disso, os resultados operacionais são negativos desde 2009 e, para repassar os 2% da margem de resultado para as consorciadas, a Seguradora Líder resgata das provisões técnicas para pagamento de indenizações. Após o pagamento do Imposto de Renda e da Contribuição Social, a margem de lucro destinada às seguradoras é de 1,2%.

Atualmente, a discussão acerca desta divisão dos recursos do DPVAT é intensa, envolvendo várias propostas por parte do poder legislativo. As duas propostas que se destacam são a PLS nº 575/2011 e a PLS nº 052/2015. A primeira propõe a ampliação da margem de repasse dos recursos ao FNS de 45% para 50%, reduzindo os recursos de gestão dos processos indenizatórios de 50% para 45%. Já a segunda propõe o aumento do repasse ao Fundo Nacional de Saúde de 45% para 65%, reduzindo a parcela destinada à gestão dos consórcios. Caso uma das propostas seja aceita, é provável que o valor do prêmio aumente sem a elevação do valor das indenizações, pois elas reduzem consideravelmente as condições de operação do consórcio.

Além disso, em 2015, a proposta PL 3806/2015 sugeriu que 10% dos recursos arrecadados pelo Consórcio DPVAT fossem destinados à Previdência Social, com o argumento de que o alto número de pessoas que se tornam inválidas devido a acidentes de trânsito cria um gasto muito alto para a Previdência, pois a indenização paga pelo DPVAT é feita apenas uma vez, enquanto o ônus sofrido por esta é cumulativo.

Para uma análise particular sobre a arrecadação da Seguradora Líder desde a criação do consórcio, podemos observar a Tabela 3.18 abaixo:

Tabela 3.18 – Série histórica da arrecadação (R$)

Ano	Arrecadação Bruta
2008	4.645.568
2009	5.409.179
2010	5.797.373
2011	6.706.504
2012	7.143.867
2013	8.029.831
2014	8.468.054
2015	8.654.072
Taxa de Crescimento Nominal	86%
Taxa de Crescimento Real	20%

Fonte: Seguradora Líder.
Organizada por CPDE/FGV DIREITO RIO (2016).

Como é possível observar a partir da tabela acima, a arrecadação bruta apresentou um aumento de 86% entre os anos de 2008 e 2015, e quando descontada a inflação esse aumento representou 20%. Dessa forma, observa-se que a diferença entre o aumento real da arrecadação bruta e o aumento em termos reais do valor das indenizações pagas foi de 10,97%, assim o aumento da arrecadação bruta foi maior que o aumento do valor das indenizações pagas entre 2008 e 2015.

3.3.1. Sistema Único de Saúde

De acordo com o Decreto nº 2.867/1998, foi determinado que 45% do total arrecadado pelo DPVAT fosse destinado ao SUS, sob a argumentação de que haveria necessidade de custeio da assistência médico-hospitalar dos segurados vitimados em acidentes de trânsito. Na verdade, 45% do valor total arrecadado é destinado ao FNS, que é o gestor financeiro dos recursos destinados ao SUS, na esfera federal. A execução dos recursos é feita, em nível central, por meio da Unidade Gestora da Diretoria Executiva do FNS e das unidades gestoras criadas junto às áreas técnicas do Ministério da Saúde.

Todos os recursos do FNS transitam em conta única do mesmo em consonância com o preceito constitucional de aplicação dos recursos destinados às ações e serviços públicos de saúde por meio de fundo de saúde. Os recursos administrados pelo FNS destinam-se a financiar as despesas correntes e de capital do Ministério da Saúde, de seus órgãos e entidades da administração direta e indireta, integrantes do SUS.

Os recursos alocados junto ao FNS destinam-se ainda às transferências para os Estados, o Distrito Federal e os municípios, a fim de que esses entes federativos realizem, de forma descentralizada, ações e serviços de saúde, bem como investimentos na rede de serviços e na cobertura assistencial e hospitalar, no âmbito do SUS. Essas transferências são realizadas nas seguintes modalidades: (i) Fundo a Fundo, que consiste na transferência de valores diretamente do FNS aos fundos estaduais e municipais de saúde; (ii) Convênios, onde as transferências se dão para um órgão participante da administração pública federal, autárquica ou fundacional, empresa pública ou sociedade de economia mista que esteja gerindo recursos do orçamento da União; (iii) Contratos de Repasses, que são instrumentos de repasse dos recursos por intermédio de instituições ou agências financeiras federais; e (iv) Termos de Cooperação, que são instrumentos por meio do qual o órgão ou entidade da Administração Pública Federal descentraliza crédito orçamentário para outro órgão federal da mesma natureza ou autarquia, fundação pública ou empresa estatal dependente.

De acordo com o Portal da Transparência[57], em 2015 o total de repasses financeiros (de diversas origens) para o SUS foi de R$ 62,6 bilhões. Desse total, R$ 4,28 bilhões vieram dos recursos do DPVAT. Ou seja, como pode ser visto na Tabela 3.19, os 45% da totalidade arrecada pelo seguro obrigatório de trânsito em 2015, foram responsáveis por 6,8% do orçamento do SUS.

---

57 http://aplicacao.saude.gov.br/portaltransparencia/index.jsf

Tabela 3.19 – Recursos totais do SUS e provenientes do DPVAT (R$ bilhões – em valores correntes)

Ano	Receita recebida do DPVAT	Repasse informado pela Seguradora Líder	Receita Total	DPVAT/Total
2011	2,9	3,0	44,7	6,5%
2012	3,1	3,2	50,8	6,2%
2013	3,5	3,6	51,9	6,9%
2014	3,7	3,8	58,2	6,4%
2015	4,2	3,9	62,6	6,8%

Fonte: Ministério da Saúde.
Organizada por CPDE/FGV DIREITO RIO (2016).

Em 2014, os recursos totais foram de R$ 58,2 bilhões. Desse total, R$ 3,72 bilhões vieram dos recursos do DPVAT. Ou seja, os recursos do DPVAT, em 2014, foram responsáveis por 6,4% do orçamento do SUS. Em 2013, 2012 e 2011 os recursos do DPVAT foram responsáveis por 6,9%, 6,2% e 6,5% do orçamento do SUS, respectivamente. É fácil perceber que o componente recursos do DPVAT como percentual dos recursos do SUS é estável ao longo dos anos, sempre em torno de 6,6%.

A Tabela 3.19 nos permite analisar se há grande dependência do SUS pelos recursos advindos do DPVAT. A série histórica, mesmo que pequena, nos permite dizer que há uma baixa evidência de dependência, uma vez que, em média, apenas 6,6% dos recursos do SUS vem do DPVAT.

Outra importante análise seria averiguar efetivamente se os recursos do DPVAT conseguem financiar os gastos do SUS com vítimas de acidentes de trânsito. Ou ainda, se talvez os recursos do DPVAT mais do que paguem pelos gastos do SUS com as vítimas de acidentes de trânsito. A Tabela 3.20 abaixo apresenta essas informações.

Tabela 3.20 – Relação entre gastos do SUS com acidentes e recursos provenientes do DPVAT (R$ milhões – valores correntes)

Ano	Gastos SUS c/ acidentes trânsito (G-SUS)	Recurso DPVAT (R-DPVAT)	(G-SUS) / (R-DPVAT)
2011	221,8	2.964,5	7,5%
2012	235,8	3.157,8	7,5%
2013	252,4	3.575,5	7,1%
2014	274,6	3.722,7	7,4%
2015	266,8	3.805,1	7,0%

Fonte: Ministério da Saúde e DataSUS.
Organizada por CPDE/FGV DIREITO RIO (2016).

De acordo com os dados do Portal DATASUS[58] o valor total com acidentes de transporte em 2015 foi de R$ 266,8 milhões. Sendo que, como dito anteriormente, os recursos do DPVAT para o SUS foram de R$ 4,2 bilhões em 2015. Ou seja, observa-se que foi transferido para o SUS pelo convênio DPVAT um valor consideravelmente mais alto do que o gasto com as despesas em decorrência de acidentes de trânsito.

Já em 2014, o gasto do SUS com acidentes de trânsito foi de R$ 274,6 milhões e os recursos repassados do DPVAT para o SUS foram da ordem de R$ 3,7 bilhões. Em 2013, 2012 e 2011 os gastos do SUS com acidentes de trânsito foram de R$ 252,4 milhões, R$ 235,8 milhões e R$ 221,8 milhões, respectivamente. E os recursos do DPVAT para o SUS, em 2013, 2012 e 2011, foram de R$ 3,5 bilhões, R$ 3,1 bilhões e R$ 2,9 bilhões respectivamente. Ou seja, conforme podemos ver na Tabela 3.20, os recursos do DPVAT mais do que pagam pelos gastos do SUS com vítimas de acidentes de trânsito. Dito de outra forma, os gastos do SUS dos acidentes do trânsito representaram, em média, 7,2% dos recursos do DPVAT.

Outra informação importante são os tipos de acidentes que justificam os gastos do SUS com acidentes automobilísticos. Observa-se que mais de 70% dos gastos destinam-se a pedestres, motociclistas ou ocupantes de automóveis. A Tabela 3.21 abaixo ilustra esses dados entre os anos de 2011 e 2015.

---

58 http://tabnet.datasus.gov.br/cgi/deftohtm.exe?sih/cnv/fruf.def

Tabela 3.21 – Evolução do valor gasto por tipo de acidentado

Ano	Pedestre	Motociclista	Ocupante Automóvel	Outros
2011	22%	44%	12%	22%
2012	24%	44%	11%	21%
2013	23%	45%	11%	21%
2014	20%	46%	11%	23%
2015	15%	48%	10%	27%

Organizada por CPDE/FGV DIREITO RIO (2016).

A Tabela 3.21 mostra a evolução no tempo do percentual do valor gasto por grupos de causas pelo SUS com acidentes de trânsito. Em 2015 o SUS gastou 15% da verba gasta com acidentes de trânsito com pedestres traumatizados em acidente de transporte. Entre os anos de 2011 a 2015, esses gastos apresentaram uma média de 20,8% do gasto com acidentes. O tipo de acidente com maior gasto é com motociclistas, apresentando uma média de 45,4% do gasto entre os anos apresentados.

3.3.2. Departamento Nacional de Trânsito

O DENATRAN também recebe uma parcela do valor total arrecadado pelo DPVAT. Em particular, 5% da totalidade dos recursos arrecadados pelo DPVAT são destinados ao DENATRAN com o objetivo de financiarem programas destinados à prevenção de acidentes de trânsito. Esses recursos constituem um fundo, o FUNSET, que é um fundo de âmbito nacional destinado à segurança e educação de trânsito e que é gerido pelo próprio DENATRAN. De acordo com o art. 6º da Lei 9.602/1998, constituem recursos do FUNSET:

1. o percentual de 5% das multas de trânsito arrecadadas pela União, Estados, DF e Municípios;
2. verbas atribuídas pela Lei de Orçamento;
3. doações ou patrocínios;
4. arrecadação proveniente dos juros de mora ou atualização monetária do valor da multa do percentual;
5. aplicações financeiros dos recursos;
6. reversão de saldos não aplicados.

A tabela a seguir mostra a relação entre a receita total do DENATRAN e a receita que o DPVAT repassa para este órgão.

Tabela 3.22 – Relação entre Receita vinda do DPVAT/Receita Total do DENATRAN (R$ milhões – em valores correntes)

Ano	Receita recebida do DPVAT	Receita Total	% DPVAT/Total
2009	267,77	552,61	48,46%
2010	289,69	628,80	46,07%
2011	304,34	713,96	42,63%
2012	360,34	768,43	46,89%
2013	438,19	837,07	52,35%
2014	422,40	902,31	46,81%
2015	436,77	995,16	43,89%

Fonte: Portal da Transparência. Organizada por CPDE/FGV DIREITO RIO (2016).

Em 2015, os 5% de recursos do DPVAT representariam no orçamento do DENATRAN mais R$ 436,7 milhões, representando 43,89% do seu orçamento total. No decorrer desses anos, a receita advinda do DPVAT representou em média 46,7% dos recursos do DENATRAN.

Outra possível análise é com relação aos gastos do FUNSET, que são direcionados às políticas de segurança de educação no trânsito, de forma a comparar com o recurso advindo do seguro obrigatório de trânsito.

Tabela 3.23 – Relação entre gastos do FUNSET e recursos provenientes do DPVAT (R$ milhões – em valores correntes)

Ano	Gastos FUNSET	Receita recebida do DPVAT	% DPVAT/Total
2009	95,23	267,77	35,56%
2010	50,58	289,69	17,46%
2011	116,07	304,34	38,14%
2012	80,28	360,34	22,28%
2013	98,53	438,19	22,49%
2014	68,45	422,40	16,21%
2015	77,01	436,77	17,63%

Fonte: Portal da Transparência. Organizada por CPDE/FGV DIREITO RIO (2016).

Como mostra a Tabela 3.23 acima, o gasto em 2015 do FUNSET foi de R$ 77 milhões, representando uma porcentagem de 17,63% do arrecadado através do DPVAT. Dessa forma, temos uma média entre 2009 e 2011 de 24,25% da relação entre o gasto total do FUNSET e o recebido pelo DPVAT. A partir desses valores podemos concluir que a receita repassada do seguro obrigatório é maior que o gasto do fundo, porém é importante notar que uma parcela considerável dos recursos é contingenciada.

3.4. INSTITUIÇÕES ENVOLVIDAS DIRETAMENTE NO DPVAT

Nessa seção serão apresentadas brevemente informações sobre as instituições que atuam de forma direta na regulação do seguro obrigatório DPVAT. O Decreto-Lei nº 73, de 21 de novembro de 1966, que rege as operações de seguro privados no Brasil, instituiu o SNSP e outras duas instituições que fazem parte deste sistema e são de extrema importância para o DPVAT: o CNSP e a SUSEP, os quais serão melhor apresentados a seguir.

3.4.1. Sistema Nacional de Seguros Privados

O SNSP é formado por órgãos de regulação e instituições operadoras públicas e privadas que atuam no mercado de seguros, capitalização, previdência complementar aberta e de resseguros. Em particular, é constituído pelas seguintes instituições:

1. CNSP;
2. SUSEP;
3. resseguradores;
4. sociedades seguradoras autorizadas a operar em seguros privados;
5. corretores de seguros habilitados.

Já as instituições reguladoras de seguros privados no Brasil estão ilustradas na figura abaixo. O CNSP é uma instituição normativa, enquanto a SUSEP é o órgão responsável pela execução e fiscalização do mercado de seguros privados. Suas respectivas funções serão explicadas nas seções seguintes. O Conselho de Recursos do Sistema Nacional de Seguros Privados é um órgão colegiado integrante da estrutura básica do Ministério da Fazenda, que tem por finalidade o julgamento, em última instância administrativa, dos recursos contra penalidades de natureza administrativa aplicadas pela SUSEP.

Figura 3.1 – Entes que regulam os seguros privados

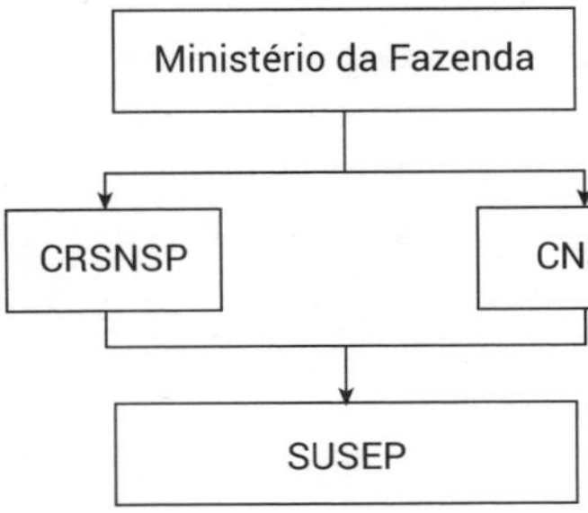

```
         Ministério da Fazenda
          /              \
      CRSNSP            CNSP
              \     /
              SUSEP
```

Organizada por CPDE/FGV DIREITO RIO (2016).

A Figura 3.2 representa uma ilustração dos principais agentes regulados do Sistema Nacional de Seguros Privados, sujeitos à supervisão e fiscalização da SUSEP.

Figura 3.2 – Agentes Regulados pelo SNSP

Organizada por CPDE/FGV DIREITO RIO (2016).

1. **Resseguradoras:** pessoas jurídicas que assumem parte da responsabilidade dos riscos detidos por uma seguradora, sem que haja, no entanto, qualquer solidariedade entre estas perante o segurado. Ou seja, a seguradora é integralmente responsável perante o segurado pelos riscos assumidos, sendo possível recuperar junto à resseguradora importância proporcional à cessão de resseguro realizada. Costuma-se dizer que o resseguro é o seguro das seguradoras.

2. **Sociedades Seguradoras:** são pessoas jurídicas, constituídas sob a forma de sociedades anônimas ou de cooperativas, que, mediante uma remuneração denominada prêmio de seguro, assumem o risco de perda transferidos por terceiros chamados segurados.

3. **Sociedades de Capitalização:** entidades, constituídas sob a forma de sociedade anônima, que tem por objetivo fornecer ao público contratos de depósito (títulos de capitalização), realizados periodicamente ou de uma única vez, para resgate futuro, que possibilita ao adquirente participar de sorteios de prêmios.

4. **Entidades Abertas de Previdência Complementar:** as entidades de previdência complementar, tal qual se depreende de seu nome, têm por objetivo principal instituir e executar planos de benefícios de caráter previdenciário, de caráter complementar, organizado de forma autônoma em relação ao regime geral de previdência social, sendo-lhes, expressamente, vedado contratar plano coletivo com pessoa jurídica que tenha por principal objetivo estipular planos de benefícios em nome de terceiros.

5. **Corretoras de Resseguro:** segundo definição contida no inciso IV do artigo 2º da Resolução CNSP nº 168/2007, "pessoa jurídica autorizada a intermediar a contratação de resseguros e retrocessão, que disponha de contrato de seguro de responsabilidade civil profissional, e que tenha como responsável técnico o corretor de seguros especializado e devidamente habilitado, na forma definida pelo Conselho Nacional de Seguros Privados".

6. **Corretoras de Seguros:** na forma do que dispõe o artigo 122 do Decreto-Lei nº 122, que o corretor de seguros, pessoa natural ou jurídica, "é o intermediário legalmente autorizado a angariar e promover contratos de seguro entre as Sociedades Seguradoras e as pessoas físicas ou jurídicas de Direito Privado", a quem cabe o pagamento de comissões de corretagens de seguro. A legislação veda expressamente a existência de qualquer vínculo ou subordinação do corretor de seguros com sociedade seguradora, devendo o mesmo atuar com independência e imparcialidade na prestação de seus serviços.

7. **Autorreguladoras de Corretagem de Seguros:** pessoa jurídica autorizada a funcionar como órgão auxiliar do órgão fiscalizador de seguros com o dever de fiscalizar seus membros e as operações de corretagem por eles realizadas. Consoante Termo de Ajustamento de Acordo e Compromisso Formal firmado por entidades

representantes dos mercados de seguros e de corretagem de seguros em outubro de 2015, o Instituto Brasileiro de Autorregulação (IBRACOR) passaria a ser a única entidade de autorregulação do setor.[59]

8. **Prepostos:** pessoa natural indicada livremente por corretor de seguros para representá-lo em seus impedimentos eventuais. O corretor de seguros poderá requerer o registro de até 10 prepostos perante a SUSEP, com obediência aos requisitos estabelecidos pelo CNSP.

9. **Representantes de Seguros:** é a pessoa jurídica que assume o compromisso com sociedade seguradora de ofertar contratos de seguros sob responsabilidade e em nome daquela, de modo não eventual e sem vínculos de dependência. Como exemplo de representante de seguros, podem-se destacar lojas de departamento que oferecem aos seus consumidores seguro garantia para os produtos de vendem.

10. **Distribuidores de Títulos de Capitalização:** pessoa jurídica que intermedeia a oferta de títulos de capitalização entre o canal de venda desse produto e a sociedade de capitalização.

10. **Estipulante:** pessoa natural ou jurídica que contrata junto a uma sociedade seguradora apólice coletiva de seguros, contraindo poderes de representação do grupo segurado, sendo o único responsável, perante aquela, pelo cumprimento de todas as obrigações contratuais. Como exemplo, pode-se citar um empregador que contrate seguros de vida coletivo para adesão de seus funcionários.

Como já mencionado no capítulo anterior, o SNSP foi instituído originariamente pelo Decreto-Lei nº 73/1966, mas sua composição sofreu alterações por outros diplomas. Este Decreto-lei instituiu a obrigatoriedade do pagamento do seguro de danos pessoais causados por veículos automotores de vias terrestres, ou por sua carga, a pessoas transportadas ou não, isto é, o Seguro DPVAT. Dessa forma, os dois principais órgãos de grande importância para o seguro obrigatório compõem o SNSP são: CSNP e SUSEP, que serão melhor apresentados a seguir.

---

59 Notícia disponível em: <http://www.susep.gov.br/setores-susep/noticias/noticias/corretores-chegam-a-consenso-e-resolvem-ter-uma-unica-autorreguladora>. Acesso em: 30 de julho de 2016.

3.4.2. Conselho Nacional de Seguros Privados

O CNSP, criado pelo Decreto-Lei nº 73/1966, é o órgão responsável por fixar as diretrizes e normas da política de seguros privados. É composto pelo Ministro da Fazenda, por um representante do Ministério de Justiça, por um representante do Ministério de Previdência Social, pelo Superintendente da SUSEP, por um representante do Banco Central do Brasil e por um representante da Comissão de Valores Mobiliários. Dentre as funções do CNSP, estão:

- regular a constituição, organização, funcionamento e fiscalização dos que exercem atividades subordinadas ao Sistema Nacional de Seguros Privados, bem como a aplicação das penalidades previstas;
- estipular índices e demais condições técnicas sobre tarifas, investimentos e outras relações patrimoniais a serem observadas pelas Sociedades Seguradoras;
- fixar as características gerais dos contratos de seguro, previdência privada aberta, capitalização e resseguro;
- fixar normas gerais de contabilidade a serem observadas pelas Sociedades Seguradoras;
- delimitar o capital das sociedades seguradoras e dos resseguradores;
- estabelecer as diretrizes gerais das operações de resseguro;
- prescrever os critérios de constituição das Sociedades Seguradoras, de Capitalização, Entidades de Previdência Privada Aberta e Resseguradores, com fixação dos limites legais e técnicos das respectivas operações;
- disciplinar a corretagem do mercado e a profissão de corretor.

Assim, o CNSP tem como principal atuação no Seguro DPVAT a formulação das regras que irão vigorar neste mercado, lembrando que é a SUSEP que faz a fiscalização e disciplina as resoluções deste órgão por meio de circulares. Deste modo, o CNSP, entre outras coisas, fixa o valor do prêmio do DPVAT e do DPEM (seguro obrigatório de danos pessoais causado por embarcações ou suas cargas) e as condições de seguro.

É interessante mencionar que atualmente existe um projeto de lei proposto pelo Ministério da Fazenda, o PL nº 5277/2016, que visa modificar a estrutura da composição do CNSP, que atualmente é composto pelo Ministro da Fazenda (Presidente), um representante do Ministério da Justiça, um representante do Ministério da Previdência Social, o superintendente da Superintendência de Seguros Privados, um representante do Banco Central do Brasil e um representante da Comissão de Valores Mobiliários, com a justificativa de viabilizar o fortalecimento institucional da SUSEP. Uma das propostas é que o Ministério da Fazenda possua mais uma vaga dentro do Conselho, além do Ministro da Fazenda, que o preside, com o intuito de reproduzir a composição do Conselho Nacional de Previdência Complementar (CNPC), órgão que integra a estrutura do Ministério do Trabalho e Previdência Social (MTPS) e é responsável pela regulação do regime de previdência complementar. No CNPC, o MTPS possui duas vagas, uma ocupada pelo Ministro do Trabalho e Previdência Social, que preside o Conselho, e outra pelo representante da Secretaria de Políticas de Previdência Complementar (SPPC). Dessa forma, caso a proposta seja aceita e o Ministério da Fazenda tenha mais uma vaga no CNSP, a estrutura se assemelhará à do CNPC.

3.4.3. Superintendência de Seguros Privados

A SUSEP é o órgão responsável pelo controle e fiscalização dos mercados de seguro (exceto seguro saúde), previdência privada aberta, capitalização, resseguro, entidades autorreguladoras de corretagem de seguros e intermediários, na qualidade de executor das políticas traçadas pelo CNSP. É uma autarquia vinculada ao Ministério da Fazenda e foi criada pelo Decreto-lei n° 73 em novembro de 1966. Sua administração é exercida por um Superintendente, nomeado pelo Presidente da República, mediante indicação do Ministro da Fazenda. Atualmente, a SUSEP possui as seguintes atribuições:

1. fiscalizar a constituição, organização, funcionamento e operação das Sociedades Seguradoras, de Capitalização, Entidades de Previdência Privada Aberta e Resseguradores;
2. atuar no sentido de proteger a captação de poupança popular que se efetua através das operações de seguro, previdência privada aberta, de capitalização e resseguro;
3. zelar pela defesa dos consumidores dos mercados supervisionados;
4. promover o aperfeiçoamento das instituições e dos instrumentos operacionais a eles vinculados, com vistas à maior eficiência do Sistema Nacional de Seguros Privados e do Sistema Nacional de Capitalização;

5. promover a estabilidade dos mercados sob sua jurisdição, assegurando sua expansão e o funcionamento das entidades que neles operem;
6. zelar pela liquidez e solvência das sociedades que integram o mercado;
7. disciplinar e acompanhar os investimentos daquelas atividades, em especial os efetuados em bens garantidores de provisões técnicas;
8. cumprir e fazer cumprir as deliberações do CNSP e exercer as atividades que por este forem delegadas;

prover os serviços de Secretaria Executiva do CNSP.

Em suma, no Sistema DPVAT, a SUSEP verifica se a Seguradora Líder e suas consorciadas estão cumprindo as regras determinadas pelas Resoluções do CNSP, como por exemplo, se possuem reservas técnicas de modo a evitar o descumprimento das obrigações assumidas. Outras duas funções importantes da SUSEP no Seguro DPVAT é realizar estudos estatísticos e atuariais periódicos que servem como base para a determinação do valor do prêmio do seguro por parte do CNSP e autorizar ou não a entrada e saída de sociedades seguradoras nos dois consórcios, mediante as regras já citadas neste capítulo.

A avaliação mencionada na seção anterior feita pelo Fundo Monetário Internacional (FMI) também critica elementos da SUSEP que comprometam sua independência como a necessidade de se requerer o uso operacional do orçamento alocado, exemplificado pela necessidade de aprovação por parte do Ministério da Fazenda para viagens internacionais e a falta de necessidade de requisitos de qualificação para a nomeação de diretores e do superintendente que são nomeados e podem ser demitidos a qualquer momento pelo presidente da República. Dessa forma, a avaliação sugere aumento da independência operacional.

O PL nº 5277/2016, mencionado na seção anterior, também visa à alteração da nomenclatura destinada ao Superintendente da SUSEP para Presidente, com o objetivo de encerrar as dúvidas no trato com entidades nacionais e internacionais. Essas propostas derivam de uma avaliação feita pelo FMI sobre a SUSEP no âmbito do Programa de Avaliação do Setor Financeiro (IAIS, *International Association of Insurance Supervisors*).

REFERÊNCIAS

ABRACICLO. Disponível em: <http://www.abraciclo.com.br/>. Acesso em: 28 de junho de 2016.

BANCO CENTRAL DO BRASIL. Disponível em: <www.bcb.gov.br>. Acesso em: 27 de junho de 2016.

BRASIL. Superintendência de Seguros Privados. *Circular SUSEP nº 439, de 27 de junho de 2012*. Estabelece as condições para autorização e funcionamento das sociedades e entidades que venham a operar com microsseguro e dá outras providências. Disponível em: <http://www2.susep.gov.br/bibliotecaweb/docOriginal.aspx?tipo=1&codigo=29610>. Acesso em: 09 de maio de 2016.

BRASIL. Conselho Nacional de Seguros Privados. *Resolução CNSP nº107, de 16 de janeiro de 2004*. Altera e consolida as normas que dispõem sobre estipulação de seguros, responsabilidades e obrigações de estipulantes e seguradoras. Disponível em: <http://www2.susep.gov.br/bibliotecaweb/docOriginal.aspx?tipo=1&codigo=14043>. Acesso em: 30 de julho de 2016.

BRASIL. Conselho Nacional de Seguros Privados. *Resolução CNSP nº 154, de 24 de novembro de 2006*. Altera e consolida as Normas Disciplinadoras do Seguro Obrigatório de Danos Pessoais Causados por Veículos Automotores de Via Terrestre, ou por sua Carga, a Pessoas Transportadas ou não – Seguro DPVAT. Disponível em: <http://www2.susep.gov.br/bibliotecaweb/docOriginal.aspx?tipo=1&codigo=21452>. Acesso em: 10 de maio de 2016.

BRASIL. Conselho Nacional de Seguros Privados. *Resolução CNSP nº 153, de 8 de dezembro de 2006*. Dispõe sobre a Constituição das Provisões Técnicas do Seguro Obrigatório de Danos Pessoais Causados por Veículos Automotores de Via Terrestre, ou por sua Carga, a Pessoas Transportadas ou não – Seguro DPVAT. Disponível em: <http://www2.susep.gov.br/bibliotecaweb/docOriginal.aspx?tipo=1&codigo=21453>. Acesso em: 08 de julho de 2016.

BRASIL. Conselho Nacional de Seguros Privados. *Resolução CNSP nº 168, de 17 de dezembro de 2007*. Dispõe sobre a atividade de resseguro, retrocessão e sua intermediação e dá outras providências. Disponível em: <http://www2.susep.gov.br/bibliotecaweb/docOriginal.aspx?tipo=2&codigo=23413>. Acesso em: 30 de julho de 2016.

BRASIL. Conselho Nacional de Seguros Privados. *Resolução CNSP nº 192, de 16 de dezembro de 2008*. Dispõe sobre as condições tarifárias do Seguro Obrigatório de Danos Pessoais Causados por Veículos Automotores de Via Terrestre, ou por sua Carga, a Pessoas Transportadas ou não – Seguro DPVAT, e dá outras providências. Disponível em: <http://www2.susep.gov.br/bibliotecaweb/docOriginal.aspx?tipo=1&codigo=24943>. Acesso em: 10 de maio de 2016.

BRASIL. Conselho Nacional de Seguros Privados. *Resolução CNSP n° 198, de 16 de dezembro de 2008.* Altera dispositivos da Resolução CNSP N o 156, de 26 de dezembro de 2006. Disponível em: <http://www2.susep.gov.br/bibliotecaweb/docOriginal.aspx?tipo=1&codigo=24949>. Acesso em: 16 de maio de 2016.

BRASIL. Conselho Nacional de Seguros Privados. *Resolução CNSP n° 233, de 01 de abril de 2011.* Dispõe sobre as condições de constituição, organização, funcionamento e extinção de entidades autorreguladoras do mercado de corretagem de seguros, resseguros, de capitalização e de previdência complementar aberta, na condição de auxiliares da SUSEP, e dá outras providências. Disponível em: <http://www2.susep.gov.br/bibliotecaweb/docOriginal.aspx?tipo=1&codigo=27874>. Acesso em: 30 de julho de 2016.

BRASIL. Conselho Nacional de Seguros Privados. *Resolução CNSP n° 273, de 19 de dezembro de 2012.* Altera e consolida as normas do Seguro Obrigatório de Danos Pessoais Causados por Veículos Automotores de Via Terrestre, ou por sua Carga, a Pessoas Transportadas ou não – Seguro DPVAT. Disponível em: <http://www.normaslegais.com.br/legislacao/resolucao-susep-273-2012.htm>. Acesso em: 08 de julho de 2016.

BRASIL. Conselho Nacional de Seguros Privados. *Resolução CNSP n° 279, de 19 de dezembro de 2012.* Altera e consolida as normas do Seguro Obrigatório de Danos Pessoais Causados por Veículos Automotores de Via Terrestre, ou por sua Carga, a Pessoas Transportadas ou não – Seguro DPVAT. Disponível em: <http://www.normaslegais.com.br/legislacao/resolucao-susep-273-2012.htm>. Acesso em: 23 de junho de 2016.

BRASIL. Conselho Nacional de Seguros Privados. *Resolução CNSP n° 295, de 25 de outubro de 2013.* Dispõe sobre a atividade de Preposto de Corretor de Seguros e de Previdência Complementar Aberta, e requisitos básicos para sua nomeação e registro. Disponível em: <http://www2.susep.gov.br/bibliotecaweb/docOriginal.aspx?tipo=2&codigo=31577>. Acesso em: 30 de julho de 2016.

BRASIL. Conselho Nacional de Seguros Privados. *Resolução CNSP n° 297, de 25 de outubro de 2013.* Disciplina as operações das sociedades seguradoras por meio de seus representantes de seguros, pessoas jurídicas, e dá outras providências. Disponível em: <http://www2.susep.gov.br/bibliotecaweb/docOriginal.aspx?tipo=2&codigo=31579>. Acesso em: 30 de julho de 2016.

BRASIL. Conselho Nacional de Seguros Privados. *Resolução CNSP nº 305, de 16 de dezembro de 2013*. Altera dispositivos da Resolução CNSP N o 192, de 30 de dezembro de 2008. Disponível em: <http://www2.susep.gov.br/bibliotecaweb/docOriginal.aspx?tipo=1&codigo=32145>. Acesso em: 17 de maio de 2016.

BRASIL. Conselho Nacional de Seguros Privados. *Resolução CNSP nº 332, de 9 de dezembro de 2015*. Dispõe sobre os danos pessoais cobertos, indenizações, regulação dos sinistros, prêmio, condições tarifárias e administração dos recursos do Seguro Obrigatório de Danos Pessoais Causados por Veículos Automotores de Via Terrestre, ou por sua Carga, a Pessoas Transportadas ou não – Seguro DPVAT. Disponível em: <http://www2.susep.gov.br/bibliotecaweb/docOriginal.aspx?tipo=1&codigo=36999>. Acesso em: 08 de julho de 2016.

BRASIL. Conselho Nacional de Trânsito. *Resolução CONTRAN nº 465, de 27 de novembro de 2013*. Dá nova redação ao Art. 1º da Resolução nº 315, de 08 de maio de 2009, do CONTRAN, que estabelece a equiparação dos veículos cicloelétrico, aos ciclomotores e os equipamentos obrigatórios para condução nas vias públicas abertas à circulação e dá outras providências. Disponível em: < http://www.denatran.gov.br/download/resolucoes/resolucao4652013.pdf>. Acesso em: 26 de agosto de 2016.

BRASIL. *Decreto nº 2.613, de 3 de junho de 1998*. Regulamenta o art. 4º da Lei nº 9.602, de 21 de janeiro de 1998, que trata do Fundo Nacional de Segurança e Educação de Trânsito – FUNSET, e dá outras providências. Disponível em: <http://www.planalto.gov.br/ccivil_03/decreto/D2613.htm>. Acesso em: 13 de julho de 2016.

BRASIL. *Decreto nº 2.867, de 8 de dezembro de 1998*. Dispõe sobre a repartição de recursos provenientes do Seguro Obrigatório de Danos Pessoais causados por Veículos Automotores de Vias Terrestres – DPVAT. Disponível em: <http://www.planalto.gov.br/ccivil_03/decreto/D2867.htm>. Acesso em: 28 de abril de 2016.

BRASIL. *Decreto-Lei nº 73, de 21 de novembro de 1966*. Dispõe sôbre o Sistema Nacional de Seguros Privados, regula as operações de seguros e resseguros e dá outras providências. Disponível em: <http://www.planalto.gov.br/ccivil_03/decreto-lei/Del0073.htm>. Acesso em: 30 de julho de 2016.

BRASIL. *Decreto-Lei nº 261, de 28 de fevereiro de 1967*. Dispõe sôbre as sociedades de capitalização e dá outras providências. Disponível em: <http://www.planalto.gov.br/ccivil_03/decreto-lei/1965-1988/Del0261. htm>. Acesso em: 30 de julho de 2016.

BRASIL. *Lei Complementar nº 109, de 29 de maio de 2001*. Dispõe sobre o Regime de Previdência Complementar e dá outras providências. Disponível em: <http://www.planalto.gov.br/ccivil_03/leis/LCP/Lcp109. htm>. Acesso em: 30 de julho de 2016.

BRASIL. *Lei Complementar nº 126, de 15 de janeiro de 2007*. Dispõe sobre a política de resseguro, retrocessão e sua intermediação, as operações de cosseguro, as contratações de seguro no exterior e as operações em moeda estrangeira do setor securitário; altera o Decreto-Lei no 73, de 21 de novembro de 1966, e a Lei no 8.031, de 12 de abril de 1990; e dá outras providências. Disponível em: <http://www.planalto.gov.br/ccivil_03/leis/LCP/Lcp126.htm>. Acesso em: 30 de julho de 2016.

BRASIL. *Lei nº 6.194, de 19 de dezembro de 1974*. Dispõe sobre Seguro Obrigatório de Danos Pessoais causados por veículos automotores de via terrestre, ou por sua carga, a pessoas transportadas ou não. Disponível em: <http://www.normaslegais.com.br/legislacao/lei-6194-1974.htm>. Acesso em: 23 de junho de 2016.

BRASIL. *Lei nº 6.404, de 15 de dezembro de 1976*. Dispõe sobre as Sociedades por Ações. Disponível em: <http://www.planalto.gov.br/ccivil_03/leis/L6404consol.htm>. Acesso em: 29 de abril de 2016.

BRASIL. *Lei nº 8.441, de 13 de julho de 1992*. Altera dispositivos da Lei no 6.194, de 19 de dezembro de 1974, que trata do Seguro Obrigatório de Danos Pessoais causados por Veículos Automotores de Vias Terrestres (DPVAT). Disponível em: <http://www.planalto.gov.br/ccivil_03/leis/L8441.htm>. Acesso em: 25 de abril de 2016.

BRASIL. *Lei nº 9.602, de 21 de janeiro de 1998*. Dispõe sobre legislação de trânsito e dá outras providências. Disponível em: <http://www.planalto.gov.br/ccivil_03/Leis/L9602.htm>. Acesso em: 04 de julho de 2016.

BRASIL. *Lei nº 11.795, de 8 de outubro de 2008*. Dispõe sobre o Sistema de Consórcio. Disponível em: <http://www.planalto.gov.br/ccivil_03/_ato2007-2010/2008/lei/l11795.htm>. Acesso em: 23 de junho de 2016.

BRASIL. *Lei nº 12.529, de 30 de novembro de 2011*. Estrutura o Sistema Brasileiro de Defesa da Concorrência; dispõe sobre a prevenção e repressão às infrações contra a ordem econômica; altera a Lei no 8.137, de 27 de dezembro de 1990, o Decreto-Lei no 3.689, de 3 de outubro de 1941 – Código de Processo Penal, e a Lei no 7.347, de 24 de julho de 1985;

revoga dispositivos da Lei no 8.884, de 11 de junho de 1994, e a Lei no 9.781, de 19 de janeiro de 1999; e dá outras providências. Disponível em: <http://www.planalto.gov.br/ccivil_03/_ato2011-2014/2011/Lei/L12529.htm>. Acesso em: 29 de abril de 2016.

CARVALHOSA, Modesto. Comentários à Lei de Sociedades Anônimas: Lei n° 6.404/1976. São Paulo: Saraiva, 1998.

DATA SUS. Disponível em: <http://www2.datasus.gov.br/>. Acesso em: 03 de maio de 2016.

DEPARTAMENTO NACIONAL DE TRÂNSITO. Disponível em: <http://www.denatran.gov.br/transparencia.htm>. Acesso em: 13 de julho de 2016.

DUARTE, Danielle Cavalcante. *Conflito de agência no consórcio DPVAT: uma análise à luz da nova economia institucional sob a perspectiva da teoria da agência.* Dissertação de mestrado do curso Direito da Regulação da Fundação Getúlio Vargas. Rio de Janeiro: 2016.

FUNDO MONETÁRIO INTERNACIONAL. Brazil: Detailed Assessment of Observance of Insurance Core Principles of the International Association of Insurance Supervisors. Washington; 2012.

FUNDO NACIONAL DE SAÚDE. Disponível em: <http://www.fns.saude.gov.br/visao/carregarMenu.jsf?coMenu=13>. Acesso em: 03 de maio de 2016.

INSTITUTO BRASILEIRO DE GEOGRAFIA E ESTATÍSTICA. Disponível em: <http://www.ibge.gov.br/>. Acesso em: 27 de junho de 2016.

Manual de Gestão de Recursos Federais para os Agentes Municipais. Disponível em: <http://www.cgu.gov.br/Publicacoes/auditoria-e-fiscalizacao/arquivos/cartilhagestaorecursosfederais.pdf>. Acesso em: 26 de julho de 2016

Portal da Transparência, Aplicação em Saúde. Disponível em: <http://aplicacao.saude.gov.br/portaltransparencia/index.jsf>. Acesso em: 3 de maio de 2016.

Portal da Transparência. Disponível em: <http://portaltransparencia.gov.br/>. Acesso em: 17 de maio de 2016.

Seguradora Líder. Disponível em: <https://www.seguradoralider.com.br/>. Acesso em: 25 de maio de 2016.

Superintendência de Seguros Privados. Disponível em: <http://www.susep.gov.br/>. Acesso em: 26 de abril de 2016.

4. OBJETIVOS REGULATÓRIOS DO DPVAT: PROBLEMAS

RAFAEL FERREIRA
RAFAELA NOGUEIRA
ANTÔNIO PORTO

4.1. INTRODUÇÃO

O DPVAT foi criado junto com outros seguros obrigatórios, em 1966, com nome de RCOVAT, e manteve está sigla até 1974. Com a entrada em vigor da Lei nº 6.194/1974, o seguro passou a se chamar DPVAT. O conceito de responsabilidade civil, em que a indenização era paga somente quando o veículo era considerado culpado pelo acidente, foi substituído por outro, mais abrangente, em que as indenizações poderiam ser pagas, não importando de quem fosse a culpa.

Resumidamente, o DPVAT atualmente funciona da seguinte forma: (i) todo proprietário de veículo automotor é compelido a contratar um seguro obrigatório, que garante à vítima de acidente de trânsito coberturas indenizatórias na hipótese de morte ou invalidez permanente, independentemente de apuração de culpa; (ii) o DPVAT foi inserido no processo de licenciamento anual de veículos de modo a garantir o pagamento obrigatório; (iii) para operar com esse ramo de seguro, a seguradora interessada deverá obter autorização da SUSEP e aderir ao Consórcio DPVAT; (iv) os valores do prêmio e da indenização são fixados pelo governo; (v) sobre o total de recursos arrecadados 45% destina-se ao SUS, para custeio da assistência médico-hospitalar dos segurados vitimados em acidentes de trânsito, 5% são destinados para o DENATRAN, para aplicação exclusiva em programas destinados à prevenção de acidentes de trânsito, e o restante destina-se ao pagamento das indenizações às vítimas e ao custeio administrativo e operacional do Consórcio.

Desde a sua criação até os dias atuais, o DPVAT sofreu as mais diversas transformações. Diante disso, convém questionar: quais são os objetivos regulatórios do DPVAT. O presente capítulo pretende elencar todos os possíveis objetivos regulatórios do DPVAT e identificar seus problemas.

4.2. DESTINAÇÃO DOS RECURSOS

Considerando-se que a instituição de um seguro obrigatório, tal como o de trânsito, teria minimamente o condão de se apresentar como uma resposta a um problema que repercute negativamente na sociedade, qual seja, o da não reparação integral das vítimas de acidentes de trânsito, é possível concluir, ainda que de uma forma rudimentar, que o mesmo seria resultado de uma política pública estabelecida pelo poder público em face dos custos sociais advindos dos acidentes provocados por veículos motorizados em vias terrestres.

Nesse sentido, tendo-se em conta que toda política pública seria, em tese, uma diretriz a orientar o comportamento ativo ou passivo de um determinado agente ao fim (ou fins) a que se pretende alcançar, a criação de um seguro cogente como o DPVAT teria a finalidade de solucionar um problema tido como relevante a partir de uma série de possíveis alternativas regulatórias.

Com efeito, embora o objetivo regulatório do Seguro DPVAT não seja expressamente extraível da legislação vigente, em sua origem, como visto acima, enquanto um seguro de responsabilidade civil, o seguro de obrigatório de trânsito tinha a finalidade de garantir uma reparação mínima pelos danos provocados em razão de acidentes automobilísticos. É o que se pode depreender das primeiras regulações e mesmo de parte da regulação vigente. Mas há mais para ser percebido.

A partir do levantamento da destinação legal e regulamentar estabelecida para os recursos arrecadados do Seguro DPVAT, é possível identificar que o mesmo serve como instrumento para a consecução de diversos objetivos regulatórios, como (a) assegurar um mínimo indenizatório às vítimas de trânsito, (b) ressarcir o Sistema Único de Saúde, pelos custos decorrentes do tratamento de vítima de acidentes de trânsito; (c) permitir a internalização de parte dos custos sociais gerados pelo agente causador do dano (motorista); (d) diminuir os índices de acidentes no trânsito no Brasil, a partir da alocação de parcela de recursos em programas destinados à prevenção de acidentes automobilísticos; (e) fomentar o desenvolvimento e educacional em seguros.

REGULAÇÃO DO SEGURO DPVAT: MARCO REGULATÓRIO E ECONÔMICO

Na sequência, passamos a analisar separadamente cada um dos possíveis objetivos regulatórios acima indicados, visando verificar se as alternativas eleitas pelo Poder Público cumprem ou não sua finalidade.

4.2.1. Objetivo Regulatório Tipo 1: Indenização das vítimas

Dentre os possíveis objetivos regulatórios pretendidos pelo Poder Público, provavelmente o mais óbvio, dado o próprio nome do mecanismo de arrecadação, seria o de garantir um mínimo indenizatório para as vítimas de acidentes de trânsito. Afinal, este seria, via de regra, um objetivo ínsito à própria essência do seguro, enquanto instrumento de pulverização de riscos, como meio de reparar os danos decorrentes do desenvolvimento tecnológico.

Com efeito, anualmente, quando do licenciamento de seus automóveis, os proprietários de veículo automotor são obrigados a pagar o prêmio do referido seguro, cujo valor é fixado anualmente pelo CNSP para cada uma das categorias de veículos.

Dado que as pessoas não gostam de grandes incertezas no seu padrão de consumo ou no de seus entes mais próximos, estão dispostas a demandar um ativo financeiro que lhes permita aumentar a sua renda precisamente nas situações em que se verifica uma queda nos rendimentos ou uma despesa inesperada. Este princípio pode explicar a demanda, por exemplo, por seguros residenciais, seguro-desemprego ou mesmo seguro de vida: em contingências adversas, o pagamento do benefício poderia suavizar a queda no consumo das famílias; em contingências normais, o segurado teria sua renda diminuída apenas marginalmente, pelo prêmio pago à seguradora.

Esta redistribuição de fluxos de renda dentre contingências diferentes – que é propiciada pela aquisição de um seguro – reduz, portanto, a variância da renda, aumentando o bem-estar do segurado avesso ao risco. É este aumento do bem-estar que a proteção contra situações adversas propicia ao segurado, que explica a disposição das pessoas de pagarem para adquiri-lo.

No entanto, conquanto este princípio básico que explica a demanda por seguros seja intuitivo e de fácil compreensão, os mercados de seguros são sabidamente caracterizados – em maior ou menor grau, dependendo do caso – por problemas de informação assimétrica.

Problemas de informação assimétrica ocorrem quando uma das partes envolvidas em uma transação econômica – a aquisição de um seguro, por exemplo – está mais bem informada sobre uma ação ou característica relevante para a efetuação da transação econômica e a fixação dos termos do contrato que rege essa transação.

Um dos tipos de informação assimétrica é a seleção adversa, que decorre do fato de que as seguradoras estão menos bem informadas que os motoristas a respeito de características importantes dos próprios motoristas, capazes de afetar a probabilidade de ocorrência de um acidente. Por exemplo, o nível de habilidade de um motorista ao volante. Esse tipo de informação, por afetar a probabilidade de ocorrência do sinistro e de recebimento do benefício pelo segurado, afeta o preço de equilíbrio do seguro. Em seguros de automóvel, apesar de as seguradoras não observarem tais características, são capazes de observar outras variáveis, como idade, gênero e histórico de acidentes, que são correlacionadas à probabilidade de ocorrência de um acidente.

Em casos extremos, o caráter não-observável dessa probabilidade de acidente pode levar a prejuízos e ineficiências para um mercado de seguros. O princípio é simples: a seguradora precisa obter um lucro econômico pelo menos igual a zero para que se mantenha operando.[60] Este lucro será, em linhas gerais, a diferença entre sua receita e os custos esperados. Imaginemos que temos dois tipos de motoristas: um com baixa probabilidade p_B de se envolver em acidente, e outro tipo com alta probabilidade p_A, com $p_A > p_B$. Suponhamos ainda, que uma fração λ dos motoristas são hábeis ao volante (com baixa probabilidade p_B de acidente) e uma fração $(1 - \lambda)$ deles é inábil. Essas probabilidades afetarão as despesas esperadas da seguradora; logo, afetarão também seus lucros esperados, de modo que se ela deseja obter um lucro positivo, o prêmio V que deve cobrar dos segurados, para que possa pagar um benefício B deve satisfazer a inequação abaixo:

$$V - [\lambda p_B + (1 - \lambda) p_A] B \geq 0$$

---

60 O lucro contábil é calculado através da diferença entre receita total e os custos explícitos totais. O lucro econômico, por sua vez, é a receita total deduzido do custo de oportunidade total. Isto é, do ponto de vista econômico, também são levados em conta os custos implícitos, e a receita total deve cobrir todos os custos de oportunidade, ou seja, os custos explícitos e implícitos. Quando a empresa tem lucro economizo zero, diz-se que ela tem um lucro normal, ou melhor, a quantia mínima de lucro necessária para manter os recursos empregados e a empresa funcionando.

Note, portanto, que quanto maior a fração de motoristas inábeis, maior o prêmio V que a seguradora terá que cobrar. Ou seja, os motoristas hábeis ao volante, por reduzirem o custo esperado da seguradora, trazem um benefício aos motoristas inábeis; estes, por sua vez, por aumentarem os custos esperados da seguradora, prejudicam os motoristas mais hábeis, fazendo-lhes incorrer em custos mais altos com o seguro. O problema surge quando os motoristas mais hábeis consideram que estes custos mais altos tornam a aquisição do seguro não-vantajosa para eles. Se considerarem o preço do seguro alto demais, esses motoristas preferirão correr os riscos e, ao optarem por não adquirir o seguro, estarão elevando ainda mais o custo médio para a seguradora, que se verá obrigada a cobrar um prêmio ainda mais alto. O resultado final é que os maus motoristas terão expulsado os bons motoristas do mercado de seguro.

Este é um resultado clássico da teoria econômica desde a contribuição seminal de Akerlof (1970) e tem aplicações não apenas ao mercado de seguros contra acidentes, mas também para o mercado de carros usados, mercado de seguro de saúde, mercado de trabalho, entre outros.

O caráter obrigatório do seguro contribui para solucionar este problema de autosseleção. Se os motoristas mais hábeis não podem deixar de adquirir o seguro, mesmo que considerem pouco vantajoso, o efeito do problema de seleção adversa será apenas sobre a distribuição de bem-estar entre os segurados (os menos hábeis se beneficiarão; o mais hábeis se prejudicarão), mas não sobre o *pool* de segurados: todos obterão o seguro.

Há, contudo, um segundo tipo de problema de informação assimétrica que a obrigatoriedade não é capaz de eliminar. Note que na inequação anterior, que determina os valores do benefício e do prêmio que propiciam um lucro não-negativo à seguradora, as probabilidades de ocorrência de um acidente, p_A e p_B, não dependiam das ações do segurado. Na realidade, não é assim que ocorre. Há, de fato, parte desta probabilidade que depende de características intrínsecas ao indivíduo, mas as ações do motorista também são importantes. Como as ações do motorista ao volante não são perfeitamente monitoradas pela seguradora, pode haver incentivos para que o motorista, após a aquisição do seguro, conduza seu veículo de forma menos cautelosa, em comparação ao seu comportamento ao volante caso não houvesse adquirido o seguro. A esse fenômeno dá-se o nome de risco moral, que ocorre quando há a conjunção de dois fenômenos, em uma relação bilateral: conflito de interesses e problemas de monitoramento.

Como ilustração, considere o caso de um condutor que faz uso de seu veículo para uma atividade remunerada, da qual extrai a quase totalidade de seus rendimentos mensais. É de se esperar que, caso não tenha uma apólice de seguros ativa, esse motorista tenha uma conduta mais cautelosa no trânsito, já que um acidente teria como consequência em potencial, dentre outras, a inutilização de seu principal instrumento de trabalho, do qual provém o sustento de sua família. Se, no entanto, o condutor está plenamente segurado contra a eventualidade da perda de seu automóvel em decorrência de um acidente, pode se sentir menos impelido a conduzir defensivamente, o que aumentaria a probabilidade de ocorrência de um acidente.

A conclusão inescapável é a de que o valor do benefício, por seu potencial de dirimir os danos que o mau condutor terá que sofrer em decorrência de seu mau comportamento, pode ter um efeito perverso sobre a incidência de acidentes no trânsito. Ou seja: tudo o mais constante, a um aumento do valor do benefício – que chamamos de na inequação anterior – segue-se potencialmente um aumento do bem-estar do segurado, que terá menor flutuação de sua renda; mas também é possível termos um aumento na incidência de acidentes, um resultado indesejável do ponto de vista do formulador de políticas públicas. Trataremos desse potencial efeito adverso do Seguro DPVAT sobre a incidência de acidentes de trânsito na seção 4.2.4.

A Tabela 4.1 a seguir mostra a evolução dos valores das indenizações pagas por natureza do sinistro desde 1995 a 2006. É possível concluir, a partir daí, que esses valores vêm crescendo substancialmente. Entre 1995 e 2016, esse valor para indenizações de morte e invalidez permanente, aumentou de R$ 5.081,79 para R$ 13.500, e a indenização para DAMS foi de R$ 1.524,54 para R$ 2.700. Não obstante, existem críticas a respeito do valor das indenizações não arcarem todas as despesas que as vítimas possuem em acidentes de trânsito, como foi discutido no capítulo 3.

Tabela 4.1 – Evolução do preço das indenizações (R$ – em valores correntes)

Indenização	Res. CNSP nº 15/1995	Res. CNSP nº 17/2000	Res. CNSP nº 35/2000	Res. CNSP nº 112/2004	Res. CNSP nº 138/2005	Res. CNSP nº 151/2006	Taxa de Crescimento Nominal
Morte	5.081,79	6.254,09	6.754,01	10.000	13.479,48	13.500	166%
Invalidez permanente (até)	5.081,79	6.254,09	6.754,01	10.000	13.479,48	13.500	166%
Dams (até)	1.524,54	1.524,54	1.524,54	2.000	2.695	2.700	77%

Fonte: SUSEP. Organizada por CPDE/FGV DIREITO RIO (2016).

É importante notar que, do total de prêmios arrecadados anualmente a título de prêmio de Seguro DPVAT, somente 42,55% destinam-se a assegurar o pagamento de um mínimo indenizatório às vítimas de acidentes automobilísticos.

Adicionalmente, vale ressaltar que parte do valor gasto com indenizações dirige-se ao custeio de despesas inerentes ao procedimento indenizatório (liquidação de sinistros, judicialização de processos, honorários advocatícios, reembolso às consorciadas, etc.).

Provisão de sinistros ou eventos ocorridos e não avisados (IBNR).

De acordo com a Tabela 3.17, apresentada no capítulo 3, podemos ver que em 2015 a arrecadação bruta do Consórcio DPVAT foi de R$ 8,6 bilhões, sendo que R$ 3,6 bilhões foram destinados ao pagamento de indenizações. Segundo a Seguradora Líder, em 2015, o gasto total com indenizações foi de R$ 3,4 bilhões. Em tese, o que sobra deveria ficar aplicado nas reservas técnicas.

Já em 2014, a arrecadação bruta foi de R$ 8,5 bilhões, sendo que desse valor R$ 3,6 bilhões foram destinados ao pagamento de indenizações. No entanto, em 2014, as indenizações pagas foram no valor de R$ 3,9 bilhões. Ou seja, como o valor destinado ao pagamento de indenizações foi abaixo do necessário, houve a necessidade de se retirar das reservas técnicas algo em torno de R$ 300 milhões. Em 2013, a arrecadação bruta foi de R$ 8 bilhões, sendo que desse valor R$ 3,4 bilhões foi destinado ao pagamento de indenizações. As indenizações pagas em 2014 foram no valor de R$ 3,2 bilhões. Portanto, o que sobrou de dinheiro foi direcionado para as reservas técnicas. De modo geral, desde que o Consórcio foi criado, em 2008, somente em 2014 houve a necessidade de retirar das reservas técnicas os recursos para pagar as indenizações.

4.2.2. Objetivo Regulatório Tipo 2: Ressarcimento das despesas do SUS

Um possível objetivo do DPVAT seria o ressarcimento das despesas do SUS. Conforme mencionado anteriormente, a alternativa regulatória eleita nos anos 50 em reação ao custo social decorrente dos acidentes de trânsito foi a criação de um seguro compulsório com o objetivo de assegurar um mínimo indenizatório às vítimas dos acidentes.

Uma vítima de um acidente de trânsito tem algumas possibilidades:

- Caso a vítima não tenha seguro saúde ela será encaminhada para algum hospital credenciado ao SUS e não receberá indenização do DPVAT;
  Se houver necessidade de tratamento, como por exemplo fisioterapia, ela receberá indenização referente ao tratamento;
- Caso a vítima não tenha seguro saúde e seja atendida em hospital particular, ela receberá uma indenização pelas despesas incorridos;
  Se houver necessidade de tratamento ela também receberá indenização referente ao tratamento;
- Caso a vítima tenha seguro saúde, ela será encaminhada para um hospital particular e não receberá nenhuma indenização;
  Se houver necessidade de tratamento ela não receberá indenização referente ao tratamento, uma vez que a vítima é segurada privadamente.

Portanto, a vítima só é indenizada diante de alguns casos. Em 2013, o IBGE realizou uma pesquisa em convênio com o Ministério da Saúde com uma amostra de 65,1 milhões de domicílios do país em 2013, ou 200,6 milhões de pessoas. Desse total, 27,9% da população tinha algum plano de saúde, médico ou odontológico. Portanto, essa parcela da população (aproximadamente um terço) não teria direito a nenhum tipo de indenização do DPVAT. Já os dois terços restantes, só teriam direito no raro caso em que fossem atendidos pela rede privada, ou no não tão raro caso, em que precisassem de algum tipo de tratamento pós acidente.

O objetivo regulatório do DPVAT como fornecer um mínimo indenizatório parece falacioso, uma vez que, só quem recebe indenização é um tipo específico de acidentado: sem seguro saúde e que seja atendido por hospital particular ou sem seguro saúde e que necessite de algum tipo de tratamento, como fisioterapia.

O argumento de que o SUS seria sobrecarregado, uma vez que ele precisa cuidar das vítimas de trânsito é válido, e, portanto, ter-se destinado alguma parcela dos recursos do DPVAT não seria nenhuma incoerência, ao contrário. Diante disso, é importante ressaltar que atualmente, 45% do total de recursos arrecadados com DPVAT destinam-se ao SUS para custeio da assistência médico-hospitalar dos segurados vitimados em acidentes de trânsito.

Tabela 4.2 – Recursos DPVAT vs. Valor das internações advindas de acidentes de trânsito

	2011	2012	2013	2014
Recursos DPVAT para SUS (A)	R$ 2.964	R$ 3.157	R$ 3.575	R$ 3.722
Valor das Internações advindas de acidente de trânsito (B)	R$ 221	R$ 235	R$ 252	R$ 271
B/A	7,48%	7,47%	7,06%	7,30%

Fonte: Seguradora Líder e SUS.
Organizada por CPDE/FGV DIREITO RIO (2016).

A Tabela 4.2, entretanto, nos informa que apenas 7,30% dos recursos destinados ao SUS (45% do DPVAT); em 2014, foram gastos para o custeio das internações com acidentes de trânsito. Em 2013, apenas 7,06% desses recursos foram gastos com internações de acidentes do trânsito. Em 2012 e 2011, apenas 7,47% e 7,48% dos recursos foram gastos com internações de acidentes do trânsito. Os dados provenientes da Tabela 2 indicam que os recursos advindos do DPVAT mais do que pagam o que o SUS gasta com internações de acidentes de trânsito. Portanto, os 45% do DPVAT funcionariam como uma forma extra de financiamento do SUS.

Se o objetivo regulatório do DPVAT for garantir uma indenização mínima para a vítima, então tudo indica que esse objetivo não está sendo cumprido.

4.2.3. Objetivo Regulatório Tipo 3: Internalização da externalidade causada

Outro possível objetivo regulatório do DPVAT seria a internalização da externalidade negativa causada (acidentes de trânsito) pelo gerador (motorista). A literatura econômica (MAS-COLELL ET AL, 1995) aborda o tema externalidade de forma simples e clara. Inicialmente, apresentaremos um modelo microeconômico simples que nos permita estudar o comportamento do consumidor diante da introdução de um seguro obrigatório como o DPVAT.

Primeiro vamos assumir que o consumidor pode comprar o quanto deseja de seguro de automóveis livremente, ou seja, vamos supor que o mercado de seguros funcione num mercado competitivo, portanto, o problema do consumir será escolher a sua cesta predileta dado preços $p \gg 0$ e nível de riqueza $w > 0$ segundo o problema de maximização de utilidade do consumidor (PMU):

É importante perceber que o mercado de seguros, dito de um modo geral, funciona em livre concorrência, a atipicidade do monopólio existe apenas no DPVAT.

Max u(x) s . a px ≤ w

Onde x é a cesta do consumidor e u(.) é a função utilidade. Na PMU o consumidor escolhe a sua cesta de consumo no conjunto Walrasiano $B_{p,w} = \{ x \in R_+^L : px \leq w \}$ para maximizar seu nível de utilidade.

Proposição 1. *Se $p \gg 0$ e u(.) é contínuo, então o PMU tem solução.*

Prova. Prova no apêndice.

Proposição 2. *Se o preço p^* e a alocação $(x_1^*;...; x_L^*; y_1^*;...; y_L^*)$ constituem um equilíbrio competitivo, então a alocação é ótima de Pareto.*

O Primeiro Teorema do Bem-Estar estabelece que sob determinadas condições o equilíbrio competitivo é necessariamente Pareto ótimo. Pareto eficiência, ou Pareto otimalidade é um estado cujas alocações de recursos são ótimas, ou seja, é impossível melhorar algum indivíduo sem pelo menos piorar a vida de outro. Pareto eficiência é a expressão formal da "mão invisível" de Adam Smith.

Na realidade, um consumidor ou uma firma pode em determinadas circunstâncias ser diretamente afetado pelas ações de outros consumidores ou firmas. Por exemplo, a invenção do automóvel trouxe como consequência o acidente de trânsito. Em geral, quando externalidades negativas estão presentes o equilíbrio competitivo não é ótimo de Pareto.

Definição 1. Uma externalidade é presente quando o bem-estar do consumidor é diretamente afetado pelas ações de outro agente na economia.

Agora vamos assumir que o DPVAT foi criado para mitigar os efeitos da externalidade negativa gerada pelo crescente número de automóveis. Portanto, no que se segue, será conveniente definir para cada consumidor i uma utilidade no nível h de externalidade:

$$\text{Max } u_i(x_i) \text{ s.a } px_i \leq w_i$$

Vamos assumir, como exemplo, dois consumidores e uma função utilidade do consumidor com formato quase linear com respeito a commodity como bem numerário:

$$\text{Max } \phi_i(x - _{1i}h) + x_{1i} \text{ s.a } px_i \leq w_i$$

Onde $\phi_i(.)$ é a função utilidade do agente i. Suponha que a economia esteja em equilíbrio competitivo com as commodities tendo preço p. Ou seja, em equilíbrio, cada consumidor maximiza sua própria utilidade dado seu nível de riqueza e preço p dos bens transacionáveis. Suponha o caso em que o consumidor 1 escolhe seu nível de $h \geq 0$ de modo a maximizar $\phi_1(h)$. Portanto, o nível de h em equilíbrio, h^*, satisfaz a condição necessária e suficiente de primeira ordem:

$\phi_1'(h^*) \leq 0$, com igualdade se $h^* = 0$.

Para uma solução interior, temos $\phi_1'(h^*) = 0$. Em qualquer alocação ótima de Pareto, o nível ótimo de h, h_0, deve maximizar o excedente conjunto dos dois consumidores, portanto deve resolver:

$$\text{Max } \phi_1(h) + \phi_2(h)$$

Condição de Primeira Ordem (CPO): $\phi_1'(h_0) \leq \phi_2'(h_0)$

Com igualdade se $h_0 \geq 0$.

Note que o imposto que restaura o ótimo é exatamente igual a externalidade marginal. Ou seja, é exatamente igual ao montante de externalidade que o consumidor 2 estaria disposto a pagar para reduzir um pouco de h do nível ótimo h_0. Ao se deparar com esse imposto, o consumidor 1 passa a computar um custo-benefício que internalize a externalidade que ele impõe ao consumidor 2. A ideia por trás da implementação a taxação é forçar a internalização da externalidade causada.

A imposição do imposto pode restaurar o equilíbrio de Pareto, no entanto, o DPVAT não permite que isso ocorra. O que ocorre com o DPVAT é justamente o fato de que a utilidade marginal de se produzir a externalidade (dirigir) não é igual ao custo marginal da externalidade (acidentes de trânsito). O custo do DPVAT é o mesmo para todos os motoristas (diferenciando apenas entre categorias), independentemente da externalidade gerada. Uma maneira de se atingir o ótimo de Pareto, por exemplo, seria implementar o sistema de *pay-as-you-drive* (PAYD). O PAYD é um programa de seguro de auto que ajusta os prêmios de acordo com os quilômetros rodados. Quanto mais o motorista dirige, maior o prêmio a ser pago. PAYD é um método que difere do seguro tradicional. O sistema tradicional de seguro tenta diferenciar e recompensar os motoristas "seguros", fornecendo prêmios mais baratos. Já com PAYD, a diferenciação é feita através do uso do automóvel, ou seja, o motorista internaliza os custos de dirigir um quilômetro a mais. Portanto, o PAYD pode permitir a restauração do ótimo de Pareto.

4.2.4. Objetivo Regulatório Tipo 4: Diminuição dos acidentes no trânsito

Finalmente, o quarto possível objetivo regulatório seria a diminuição dos altos índices de acidentes de trânsito no Brasil. Como pode ser visto na Tabela 3.10, apresentada no capítulo 3, os dados de 2015 indicam um total de 652.349 sinistros indenizados pelo DPVAT. O fato é que, se o número parece elevado, o cenário é ainda mais preocupante: estes seguros indenizados não necessariamente correspondem ao número de acidentes de trânsito no ano de referência, afinal, podem ter ocorrido distorções entre a data do acidente e o tempo do pagamento da indenização. De todo modo, os expressivos números nos ajudam a entender a gravidade do fenômeno. Outro dado que salta à vista é a evolução numérica destes números: foram 94.604 sinistros indenizados em 2002. Em 2015, como vimos, os índices mais do que sextuplicaram.

Além destes dados, o relatório da OMS, publicado em 2015, aponta que mais de 42 mil pessoas morreram em acidente de trânsito em 2013. De acordo com o *Mortality Information System* (SIM), o número de acidentes, em 2009, era em torno de 19,5 por 100.000 habitantes, e deu um salto para aproximadamente 21,5 por 100.000 habitantes em 2010. Dados do SUS, apresentados no Gráfico 4.1 abaixo, mostram o crescimento dos óbitos com acidentes de transporte desde 1996 a 2014. Em 2000, houve 29.645 óbitos com acidentes de transportes, o menor número da série apresentada, e em 2014, último ano da série, a quantidade de óbitos foi de 44.823.[61] Esses dados talvez denotem que, com o passar dos anos, os acidentes de veículos e de suas cargas têm se tornado, além de mais frequentes, provavelmente mais graves e com consequências de maior intensidade.

Gráfico 4.1 – Óbitos por Acidentes de Transporte

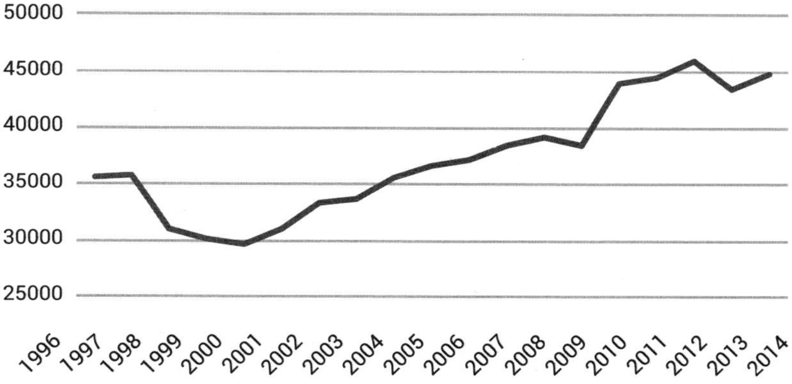

Fonte: DATASUS.
Organizada por CPDE/FGV DIREITO RIO (2016).

Nesse contexto, como os recursos do DPVAT têm destinações diferentes, é preciso separar seus impactos de acordo com as destinações.

Atualmente, 5% dos recursos do DPVAT são destinados para o DENATRAN, para aplicação exclusiva em programas destinados à prevenção de acidentes de trânsito, o que seria coerente com o objetivo de diminuição de acidentes no trânsito. Sob a hipótese – não verificada – de que os programas a que esses recursos são destinados são minimamente eficazes, pode-se dizer que há um efeito positivo do DPVAT como mecanismo de arrecadação para a implementação de uma redução da incidência de acidentes de transito.

---

61 Os dados apresentados mostram o número de óbitos por todas as mobilidades de transporte, incluindo transportes terrestres, aéreos e por água.

Entretanto, é importante ressaltar que 80% dos recursos destinados ao DENATRAN são contingenciados.[62] Os 80% dos recursos destinados ao DENATRAN (via FUNSET) contingenciados são compostos pelos repasses do DPVAT mais os repasses de multas de trânsito aplicadas em todas as esferas de governo.

Quanto ao contingenciamento, não existe nenhuma fonte que objetivamente declare o momento em que se iniciou o contingenciamento dos recursos do FUNSET, mas em 2015 a Procuradoria-Geral da Fazenda Nacional (PGFN), solicita o levantamento do impacto da decisão judicial que obriga a restituição dos recursos ao fundo, o período de levantamento seria desde 1997 (quando o fundo foi criado).

Portanto, apenas 1% dos recursos do DPVAT[63] são de fato destinados ao DENATRAN visando o financiamento de políticas de educação no trânsito. É inevitável concluir que, se apenas 1% recursos do DPVAT são de fato destinados à prevenção de acidentes de trânsito, então: (i) o objetivo principal do DPVAT é a diminuição dos índices de acidentes; ou (ii) sendo esse o objetivo principal, claramente o volume de recursos destinados não parece estar condizente com a intenção original dos proponentes do DPVAT.

De qualquer forma, seja como objetivo primário ou secundário, é razoável supor que a redução da incidência de acidentes de transito foi uma das preocupações das autoridades, dada a reserva de uma parcela dos recursos arrecadados para serem destinados a este fim. A discussão sobre a efetividade do DPVAT como promotor de segurança no trânsito passa pela avaliação dos efeitos das políticas públicas de educação no trânsito que são financiadas pelos seus recursos. Esse tipo de análise está além do escopo desse capítulo, mas é condição necessária para o cômputo dos benefícios associados a essas políticas e posterior cotejamento com os custos.

Não é possível avaliar se o montante de recursos oriundos do DPVAT e destinados a esses programas está adequado sem saber qual o benefício que a sociedade extrai desses programas. De fato, caso esse benefício seja reduzido, mesmo o pequeno valor de 1% pode ser considerado excessi-

---

62   http://www.orcamentofederal.gov.br/clientes/portalsof/portalsof/orcamentos-anuais

63   5% dos recursos do DPVAT são direcionados para o DENATRAN, no entanto, 80% desses recursos são contingenciados, logo apenas 1% dos recursos do DPVAt são de fato direcionados para o DENATRAN.

vo, se há uma destinação alternativa desses recursos que seja capaz de reduzir de modo mais significativo a incidência de acidentes de trânsito.

Há também outro efeito potencial, este indireto, do DPVAT sobre a incidência de acidentes de trânsito, e este é adverso. Um aumento do benefício pago ao condutor que se envolveu em um acidente de trânsito reduz os seus prejuízos nessa circunstância. Logo, reduz os incentivos para que o condutor aja de modo mais cauteloso e defensivo no trânsito.

Uma possível solução para o item 2 seria uma rearrumação dos valores das distribuições dos recursos entre SUS e DENATRAN. Como dito anteriormente, apenas 7,5% (em média) dos recursos do DPVAT destinados ao SUS são gastos com internações de acidentes no trânsito. Isso significa que 3,4% dos recursos totais do DPVAT são destinados ao pagamento de internações por acidentes no trânsito.

Lembrando que 45% do DPVAT financiam o SUS, portanto 7,5% dos recursos destinados aos SUS significa 7,5% dos 45% destinados aos SUS.

Não foi possível obter o valor que o SUS gasta com tratamento advindo de acidentes no trânsito, portanto vamos analisar 3 cenários possíveis na Tabela 4.3.

Tabela 4.3 – Cenários de gastos do DPVAT com acidente no trânsito

	Cenário 1	Cenário 2	Cenário 3
Percentual do DPVAT gasto com acidente no trânsito (internações)	3,38%	3,38%	3,38%
Percentual do DPVAT gasto com acidente no trânsito (tratamento)	4,50%	13,50%	22,50%
X% dos recursos do DPVAT destinados para DENATRAN	42,10%	33,10%	24,10%

Organizada por CPDE/FGV DIREITO RIO (2016).

No Cenário 1, o SUS gasta 10% dos recursos do DPVAT destinados ao SUS com tratamento de acidentes no trânsito. Nos Cenários 2 e 3, 30% e 50% dos recursos do DPVAT destinados ao SUS são gastos com internações de acidentes no trânsito. Portanto, nos Cenários 1, 2 e 3 seriam gastos 4,5%, 13,5% e 22,5% dos recursos totais do DPVAT com tratamento de acidente de trânsito. De acordo com nossos possíveis cenários, o DENATRAN deveria estar recebendo um valor percentual maior do que o 5% que atualmente recebe. De acordo com o Cenário 1, o repasse para o DENATRAN deveria ser no valor de 42,1% do DPVAT

(50% do DPVAT – 3,38% (internações) – 4,5% (tratamento) = 42,1%). De acordo com os Cenários 2 e 3, o repasse para o DENATRAN deveria ser no valor de 33,1% e 24,1% do DPVAT.

Podemos perceber através da Tabela 4.3 que os recursos do DPVAT podem continuar assistindo ao SUS no financiamento de acidentes de trânsito e, simultaneamente, aumentar a quantidade de recursos para o DENATRAN sem alterar os 50% que são originalmente destinados ao SUS e DENATRAN. Ou seja, é possível uma rearrumação dos valores sem onerar o motorista e, ainda assim, estar mais condizente com o objetivo regulatório de diminuição de acidentes no trânsito.

4.3. CONCLUSÃO

Pelo que até aqui se viu, o DPVAT tem como escopo o dano e, pois, a reparação das vítimas. Trata-se, aqui, de remédio que, mais do que aferir a culpa, constata o prejuízo e foca na vítima que nada tem ou teve a ver com os motivos pelos quais os acidentes foram causados. Identifica-se a vítima e paga-se uma parcela quantificável de seu prejuízo. Isto, porém, não resolve a totalidade do problema.

Ainda é alarmante o índice de acidentes que ocorrem com e entre veículos. E, sensível a isto, o objetivo deste artigo foi o de correlacionar o propósito regulatório do DPVAT com a análise consequencialista dos prejuízos e benefícios que dele advêm.

Vimos que, dentre tantas pretensões, os recursos arrecadados com o seguro obrigatório muito têm para nos informar acerca da regulação do setor.

Verificou-se ao longo do trabalho que os rendimentos gerados pelo DPVAT extrapolam a esfera específica da indenização, a endossar os inúmeros propósitos regulatórios extraíveis do seguro obrigatório. O DPVAT, ainda que indiretamente, viabiliza a internalização de parte dos custos sociais gerados pelo acidente, seja através do ressarcimento daqueles que colaboram com o tratamento das vítimas e dos prejuízos causados, seja mediante a alocação dos recursos produzidos pelo seguro obrigatório com políticas públicas de prevenção e diminuição dos índices acidentários no Brasil.

REFERÊNCIAS

AKERLOF, George. The market for "lemons": Quality uncertainty and the market mechanism. In: *Essential Readings in Economics*. Londres: Macmillan Education UK, 1995, p. 175-188.

BRASIL. *Lei nº 6.194, de 19 de dezembro de 1974*. Dispõe sobre Seguro Obrigatório de Danos Pessoais causados por veículos automotores de via terrestre, ou por sua carga, a pessoas transportadas ou não. Disponível em: <http://www.normaslegais.com.br/legislacao/lei-6194-1974.htm>. Acesso em: 12 de novembro de 2016.

CASTELLO BRANCO, Elcir. *Seguro Obrigatório de Responsabilidade Civil e dos Proprietários de Veículos Automotores*. São Paulo: Editora Universitária de Direito, 1976, p. 04.

CARLINI, Angélica; FARIA, Maria da Glória. Fundamentos Jurídicos e Técnicos dos Contratos de Seguro – O Dever de Proteção da Mutualidade. In: MIRAGEM, Bruno. CARLINI, Angélica (Orgs.). *Direito dos Seguros: Fundamentos de Direito Civil, Direito Empresarial e Direito do Consumidor*. São Paulo: Revista dos Tribunais, 2014, p. 69.

CUMMINS, J. David., PHILLIPS, Richard D., WEISS, Mary A. The incentive effects of no fault automobile insurance. *The Journal of Law and Economics*, v. 44, n. 2, p. 427-464, 2001.

DATASUS. Disponível em: <http://www2.datasus.gov.br/DATASUS/index.php?area=02>. Acesso em: 16 de novembro de 2016.

GÖNÜLAL, Serap O. The Role of Competition in MTPL Insurance. In: GÖNÜLAL, Serap. Motor third-party liability insurance. Primer Series on Insurance Issue. World Bank. Retrieved on, v. 29, 2013.

INSTITUTO BRASILEIRO DE GEOGRAFIA E ESTATÍSTICA. Pesquisa Nacional de Saúde. Disponível em: < http://biblioteca.ibge.gov.br/isualização/livros/liv94074.pdf>. Acesso em: 7 de novembro de 2016.

LOUGHRAN, David S. The Effect of No-fault Automobile Liability Insurance on Driver Behavior and Automobile Accidents in the United States. RAND Institute for Civil Justice, 2001, p. 6.

MAS-COLELL, Andreu; WHINSTON, M. D.; GREEN Jerry R. *Microeconomic theory*. New York: Oxford University Press, 1995.

Orçamento Federal. Disponível em: <http://www.orcamentofederal.gov.br/clientes/portalsof/portalsof/orcamentos-anuais>. Acesso em: 16 de novembro de 2016.

Organização Mundial da Saúde. Disponível em: <http://www.who.int/violence_injury_prevention/road_safety_status/2015/en/>. Acesso em: 11 de novembro de 2016.

APÊNDICE

Prova da proposição 1

Se $p \gg 0$, então o orçamento definido por $B_{p,w} = \{x \in \mathbb{R}_+^L : p \cdot x \leq w\}$ é um conjunto compacto pois é limitado [para qualquer $\ell = 1, \ldots, L$, tem-se $x_\ell \leq (w / p_\ell)$ para todo $x \in B_{p,w}$] e fechado. O resultado segue do fato de que uma função contínua sempre tem um ponto de máximo em qualquer conjunto compacto.

5. MECANISMOS SIMILARES NO MUNDO

DANIELLE BORGES

DANIELLE DUARTE

Este capítulo tem por objetivo analisar mecanismos similares ao Seguro DPVAT utilizados em outras partes do mundo. Iniciaremos a análise pela União Europeia, passando posteriormente a observar o caso de alguns estados americanos e ainda dos seguintes países: África do Sul, Bolívia, Canadá (Quebec), Chile, Colômbia, Nova Zelândia e Peru.

5.1. O SEGURO AUTOMOBILÍSTICO OBRIGATÓRIO NA UNIÃO EUROPEIA

Esta seção tratará especificamente do seguro obrigatório de veículos na União Europeia (UE). Inicialmente se traçará um histórico da legislação da UE sobre este seguro, descrevendo-se os diferentes regimes normativos aplicados à questão ao longo do tempo. Após descritas as principais características referentes ao seguro obrigatório de veículos na UE, será feita uma análise comparativa entre o regime europeu e o do Seguro DPVAT, destacando-se as diferenças especialmente no que se refere a indenizações e prêmios.

5.1.1. Histórico do sistema europeu de seguro automotor

A UE como bloco econômico possui um regime jurídico peculiar que visa, entre outros, a integração econômica dos países membros do bloco. Para isso, a União tem competência para legislar sobre determinados assuntos relacionados ao mercado interno. Este tem como uma de suas caraterísticas fundamentais a liberdade de circulação de bens, serviços, capital e pessoas. Assim, por envolver a circulação de veículos e incluir-se na categoria de serviço, o seguro obrigatório automotor na UE é objeto de legislação no nível supranacional, ou seja, emanada da própria UE, que visa harmonizar as diversas legislações nacionais, estabelecendo regras mínimas sobre o assunto (artigo 114 do Tratado de Funcionamento da UE), as quais devem ser incorporadas pelas legislações nacionais. Nesse sentido, o seguro obrigatório de veículos é objeto de legislação desde 1972, conforme se verá da análise das Diretivas sobre o assunto.

5.1.2. Diretiva 72/166EEC

O seguro obrigatório foi instituído no nível europeu pela Diretiva do Conselho 72/166/EEC, de 24 de abril de 1972. Reconhecendo que a diferença nas regras sobre seguro obrigatório entre os países membros do bloco poderia dificultar a circulação de veículos dentro da UE, a Diretiva teve como principal objetivo compelir os estados membros a adotarem medidas necessárias para assegurar que todos os veículos em circulação em seus territórios estivessem cobertos por seguro de responsabilidade civil, de forma a proteger os interesses de eventuais vítimas de acidentes causados por tais veículos ocorridos em qualquer país da UE.

Por ter sido a primeira norma europeia sobre o assunto, a Diretiva 72/166/EEC instituiu disposições gerais, sem adentrar em temas mais específicos, como valores mínimos de indenização. Entretanto, tal norma foi muito importante no processo evolutivo normativo do seguro obrigatório atualmente em vigor. Nesse sentido, pode-se afirmar que a Diretiva estabeleceu os princípios básicos de seguro, a abolição de checagem de fronteiras sobre seguros, além da obrigatoriedade mencionada acima. As Diretivas seguintes foram encarregadas de complementar e incrementar as regras instituídas pela Diretiva 72/166/EEC.

É importante destacar que, mesmo compelindo os estados a adotarem o seguro obrigatório, a Diretiva 72/166/EEC, assim como as que a sucederam, nunca instituíram regras sobre responsabilidade civil que visassem definir os critérios para recebimento de indenização em caso de acidente. Tais normas, por situarem-se dentro da esfera do Direito Civil, continuaram na esfera de competência de cada estado membro, que, portanto, não perderam sua autonomia em definir, por exemplo, se se aplica a responsabilidade subjetiva ou a objetiva no caso de acidentes de trânsito.

A Diretiva 72/166/EEC foi posteriormente modificada pela Diretiva 72/430/EEC (19/12/72), que resultou em uma alteração mínima ao artigo 2 (2), sobre o número de seguradoras para acordos no que tange a questões de extraterritorialidade e checagem do seguro.

5.1.3. Diretiva 84/5/EEC

A Segunda Diretiva do Conselho, Diretiva 84/5/EEC, de 30 de dezembro de 1983, trouxe disposições mais específicas sobre a aproximação das leis dos estados membros relacionadas ao seguro obrigatório de veículos.

Uma das principais mudanças foi a distinção entre danos à propriedade e danos pessoais, bem como a estipulação de valores mínimos de indenização para cada uma destas situações. Os montantes mínimos, em 1983, de acordo com o artigo 1 (2) da Diretiva eram:

- 350.000 ECU (European Currency Unit)[64] para o caso de danos pessoais, havendo uma vítima. No caso de múltiplas vítimas em uma mesma ocorrência, este valor é multiplicado pelo número de vítimas;
- 100.000 ECU para o caso de danos a propriedade, por ocorrência, independente do número de vítimas.

Outra significativa mudança foi a inclusão de regras de indenização de danos pessoais para vítimas de acidentes em caso de veículos não identificados ou não segurados. Para estes casos estabeleceu-se que cada um dos estados membros deveria criar um órgão em seus respectivos territórios, responsável por compensar vítimas em tais casos.

Observa-se, portanto, que a estipulação de regras mais específicas, mormente no que se refere a valores de mínimos de indenização, exigiu de cada estado membro mudanças em suas legislações, a fim de se adaptarem ao estabelecido pela norma europeia, tornando, portanto, mais harmônicas as legislações nacionais.

5.1.4. Diretiva 90/232/EEC

A Diretiva 90/232/EEC, conhecida como terceira Diretiva sobre seguro obrigatório de veículos, datada de 14 de maio de 1990, teve como uma de suas principais características a maior abrangência dos segurados, passando a incluir todos os passageiros de um veículo como beneficiários do seguro obrigatório e não somente o condutor.

---

64 A *European Currency Unit ou* Unidade Monetária Europeia "era uma moeda escritural que existiu na União Europeia entre 1999 e 2002. Sendo uma moeda escritural, só servia para transacções entre bancos estrangeiros (neste caso, da União Europeia) e não havia emissão de notas e moedas. Foi substituída pelo Euro em 2002, ao rácio de 1:1 (1 Unidade Monetária Europeia = 1 Euro). Veja https://pt.wikipedia.org/wiki/Unidade_Monet%C3%A1ria_Europeia. Acesso em: 23.08.2016.

Ademais, a Diretiva também objetivou facilitar o recebimento da indenização pela vítima em caso de acidentes por veículos não segurados ou não identificados, estabelecendo regras para garantir o pagamento antecipado, mesmo em caso de disputa judicial entre as eventuais seguradoras responsáveis pelo pagamento da indenização. Neste caso, o órgão criado por cada estado membro compensaria a vítima para depois buscar o regresso contra o efetivo responsável pelo pagamento.

As mudanças introduzidas pela Diretiva demonstram que o seguro obrigatório passa a ter cada vez mais o foco na vítima e na busca pela reparação integral e célere dos danos por ela sofridos.

5.1.5. Diretiva 2000/26/EC

A Quarta Diretiva do Conselho e Parlamento Europeu, Diretiva 2000/26/EC, de 16 de Maio de 2000, além de trazer as mesmas intenções da anterior, emenda as de n° 73/239/EEC e 88/357/EEC.

No que toca ao seguro obrigatório automotivo, a Diretiva 2000/26/EC estabeleceu regras para facilitar o recebimento da indenização em situações em que o veículo causador do acidente é segurado em estado membro diferente do da vítima. Estabeleceu-se, por exemplo, a figura do representante da vítima, que estariam autorizados realizar os procedimentos para recebimento da indenização em nome dela. Dessa forma, foram estabelecidos quem pode ser representante, assim como suas obrigações no cumprimento representação.

Há Diretiva traz ainda alterações no que se refere à criação de centros de informação a serem estabelecidos por cada estado membro, objetivando a cooperação e compartilhamento de dados sobre registros de veículos, de forma a facilitar o reconhecimento de veículos, sua identificação e possível responsabilização. Para os casos nos quais seja impossível a identificação do veículo, a vítima deve requerer compensação ao órgão do estado membro no qual reside e este, posteriormente, buscará ser ressarcido pelo órgão competente.

5.1.6. Diretiva 2005/14/EC

A quinta Diretiva do Conselho e Parlamento Europeu, de 11 de maio de 2005, Diretiva 2005/14/EC, emendou as quatro normas anteriores. Tais emendas unificaram o corpo normativo sobre seguro obrigatório automotivo na EU. As emendas foram sistematizadas de modo que cada artigo desta quinta Diretiva modificou uma das Diretivas anteriores.

Em seu preâmbulo, a Diretiva reconhece que houve muitos avanços desde 1972, mas que o sistema deve ser atualizado e melhorado. Assim, busca trazer maior abrangência (hipóteses de incidência ainda não consideradas) e clareza às normas já existentes.

Dentre as emendas, uma muito significativa é a que altera os limites de indenização mínima, que passa a ser regida pelas seguintes regras:

- em caso de danos pessoais, 1.000.000 EUR por vítima ou 5.000.000 EUR por ocorrência, independente do número de vítimas;
- no caso de danos à propriedade, EUR 1.000.000 por ocorrência, independente do número de vítimas.

Esses valores devem ser corrigidos a cada 5 (cinco) anos, de acordo com o artigo 1 (3), de acordo com o EICP (European Index of Consumer Prices) e comunicados para os órgãos compensatórios.

Em relação a veículos sem identificação, o papel dessas entidades continua o mesmo. Além disso, estes órgãos podem excluir pagamento de compensação de danos à propriedade causados por veículos não identificados (artigo 2 (6)).

5.1.7. Diretiva 2009/103/EC

A Diretiva vigente, 2009/103/EC, de 16 de setembro de 2009, vem para codificar e unificar todas as disposições previstas nas diretivas anteriores. Assim, revoga a totalidade das normas existentes até então e cria uma só diretiva relativa a "Motor Insurance Directive". Assim, as disposições sobre seguro obrigatório automotivo que antes se encontravam separadas em cada Diretiva, passam a estar todos numa só norma.

Pode-se dizer que essa consolidação normativa demonstra não só um processo evolutivo sólido pelo qual passou o seguro obrigatório automotivo ao longo de anos, mas também uma forma de facilitar a compreensão e aplicação de tais normas, o que representa também uma forma de proteção às vítimas de acidentes automobilísticos na UE.

Visto que esta norma é uma consolidação das anteriores e que a análise dos pontos de destaque foi feita a cada Diretiva, não cabe voltarmos a analisar esta última, já que suas características já são conhecidas.

Uma última observação pertinente é relativa aos valores indenizatórios atuais, já que estes são alterados regularmente. Abaixo apresentamos a tabela disponibilizada no site da Comissão Europeia, dispondo sobre os valores mínimos de cobertura (indenizações) em países da UE.

Tabela 5.1 – Cifras de cobertura mínima na União Europeia (em milhões)

País	Valor mínimo de cobertura do seguro
Austria	5
Bélgica	Ilimitado
Bulgária	" Evento com uma vítima: 1 Evento com duas ou mais vítimas: 5"
Chipre	30
República Tcheca	1
Dinamarca	50,0 DKK (cerca de €6,5), ajustado anualmente
Estônia	5
Finlândia	Ilimitado
França	Ilimitado
Alemanha	7,5
Hungria	5
Irlanda	Ilimitado
Itália	5
Letônia	5
Lituânia	5
Luxemburgo	Ilimitado
Holanda	5
Polônia	5
Portugal	5
Romênia	5
Eslováquia	5
Eslovênia	5
Espanha	"Danos pessoais: 70 independente do número de vítimas Danos à propriedade: 15 independente do número de vítimas"
Suécia	32,7

Fonte: European Commission.

Os valores supracitados foram alterados, como prevê o artigo 9 (2) da diretiva vigente, em 2010 e 2016. A última atualização, deste ano, prevê os seguintes valores mínimos:

- €1,22 milhão por vítima ou €6,07 milhões independente do número de vítimas, em caso de danos pessoais
- €1,22 milhão para danos materiais

5.1.8. Seguro obrigatório: algumas considerações sobre Brasil e EU

Como já visto anteriormente neste livro, na legislação brasileira, são 3 as indenizações, conforme artigo 3º da Lei 6.194/74:

- R$ 13.500,00 em caso de morte
- até R$ 13.500,00 em caso de invalidez permanente
- até R$ 2.700,00 no caso de despesas de assistência médica e suplementares

Primeiramente, a grande diferença no que tange às indenizações são os próprios valores, que são consideravelmente superiores na UE, conforme demonstrado na Tabela 5.1 acima. Além disso, as indenizações no sistema brasileiro não sofrem reajustes em seus valores, não existindo qualquer dispositivo que preveja uma atualização periódica dos valores, tal como na norma europeia. Os montantes atuais, no Brasil, foram estabelecidos pela Lei 11.482/2007 e, desde então, não sofreram alteração.

Também como visto anteriormente, no que tange a prêmios, o sistema brasileiro tem suas cifras positivadas na Resolução CNSP nº 332, de 2015, que, em seu artigo 47, dispõe sobre os valores dos prêmios tarifários por categoria:

- Categoria 1: R$ 101,10
- Categoria 2: R$ 101,10
- Categoria 3: R$ 390,84
- Categoria 4: R$ 242,33
- Categoria 8: R$ 130,00
- Categoria 9: R$ 286,75
- Categoria 10: R$ 105,81

Os prêmios, assim como as indenizações, também são mais altos no caso da UE. A tabela abaixo traz a evolução da média dos valores dos prêmios de seguro automotivo obrigatório de 2008 a 2013 em alguns países da UE.

Tabela 5.2 – Valores dos prêmios na UE (€)

País	2008	2009	2010	2011	2012	2013	Variação
Alemanha	228	219	215	219	228	237	4%
Bélgica	305	299	298	301	305	308	1%
Croácia	187	190	191	193	195	193	3,2%
Eslovênia	215	211	185	176	165	153	-29%
Espanha	233	218	199	196	190	183	-21%
Finlândia	154	157	149	148	153	157	2%
França	135	132	134	138	140	143	6%
Grécia	202	248	273	276	267	234	15,8%
Holanda	328	320	316	307	296	289	-12%
Hungria	130	119	105	75	67	66	-49%
Itália	410	390	400	423	447	439	7%
Noruega	223	220	229	231	244	238	7%
Portugal	164	160	158	155	148	141	-14%
República Tcheca	138	133	123	111	104	99	-28%

Fonte: Insurance Europe.

Uma possível explicação para a diferença entre valores, tanto de prêmio como de indenização, no seguro obrigatório automotivo, no Brasil e na eu, é a própria existência de um livre mercado no caso desta última. Diferentemente do Brasil, onde, como já visto, o seguro obrigatório deve necessariamente ser contratado com o consórcio de seguradoras do DPVAT, na UE os indivíduos estão livres para buscar o melhor preço e a melhor cobertura.

Outra diferença existente entre o Seguro DPVAT e o seguro obrigatório na UE é que, no Brasil, não existe previsão para indenização no caso de danos à propriedade, situação esta assegurada pela Diretiva europeia.

Quanto a veículos não identificados, ambos possuem mecanismos para indenização. Na verdade, no caso do Seguro DPVAT, como se trata praticamente de uma indenização fundada no risco integral, sem averiguação de culpa e sem aplicação de causas de exclusão do nexo causal, como visto no início deste livro, a vítima será sempre indenizada. Nesse sentido, destaque-se que o próprio site do DENATRAN dispõe que: "Mesmo que o motorista do veículo fuja do local do acidente e que ninguém anote a placa do veículo, a vítima tem direito à indenização do Seguro DPVAT".

Já na UE temos a figura dos órgãos compensatórios. No artigo 10 da Diretiva vigente (2009/103/EC), é definido que cada estado membro deve possuir um órgão que seja responsável por compensar, ao menos nos limites mínimos de danos a propriedade e pessoais, acidentes causados por veículos não identificados ou com seguro inadequado nos termos da lei.

A exceção se dá em caso de danos à propriedade causados por veículos não identificados. Neste caso, o órgão pode limitar o valor ou excluir por completo a compensação diante de tal hipótese.

Por fim, uma última diferença que podemos apontar se refere às regras sobre responsabilidade civil. Como dito acima, no caso do Seguro DPVAT as regras se assemelham à da responsabilidade por risco integral, já que a vítima deve demonstrar apenas que sofreu dano pessoal decorrente de acidente automobilístico. Na UE, as regras não estão estabelecidas na Diretiva europeia, podendo ser, de acordo com o estado membro, fundada na prova da culpa ou não, sendo que, normalmente, as indenizações são mais altas nos países em que deve provar-se a culpa.

5.2. EXPERIÊNCIA AMERICANA

As leis estaduais americanas impõem aos condutores de veículos automotores a comprovação de capacidade financeira para arcar com os custos decorrentes de eventual acidente de trânsito para que possam dirigir legalmente um veículo.[65] A depender do estado, essa comprovação dá-se pela realização de depósitos compulsórios ou na contratação de seguros de responsabilidade, que, embora o cidadão não tenha liberdade de exercer o direito de não contratar, possui opções sobre o quanto quer pagar e seus valores de cobertura, que devem sempre respeitar os mínimos que a legislação prevê.

Atualmente, os seguros de responsabilidade de automóveis, se enquadram em quatro grandes categorias: *no-fault, choice no-fault, tort*

---

65 Disponível em: <http://www.iii.org/issue-update/compulsory-auto--uninsured-motorists>.

liability e *add-on*. As principais diferenças dizem respeito à existência de restrições ao direito de processar e ao momento em que o segurado tem direito a que a seguradora pague a cobertura *"first party benefits"*, até ao montante máximo estabelecido pelo estado, independente de culpa.

O sistema *no-fault* destina-se a reduzir o custo do seguro de automóvel, retirando pequenas reivindicações dos tribunais. Assim, cada companhia de seguros compensa os seus próprios segurados (*first party*)[66] pelo custo de pequenas lesões, independente de quem foi a culpa no acidente.

A compreensão do termo *no-fault* pode ser provocar confusão, pois, muitas vezes, é utilizado para designar qualquer sistema de seguros automobilísticos em que própria companhia de seguros paga ao motorista tomador do seguro por certas perdas, independentemente de culpa. Em seu sentido mais estrito, o termo *no-fault* só se aplica aos estados nos quais as companhias de seguros pagam *first party benefits*, ou seja, cobrem despesas médicas decorrentes de lesões corporais provocadas por acidentes de trânsito, e onde há restrições sobre o direito de processar.

Esses benefícios, conhecidos como "proteção de danos pessoais" (ou *personal injury protection* – PIP) são uma cobertura obrigatória exigida em estados que são considerados *true no-fault*. A extensão da cobertura varia por estado. Em estados com os benefícios mais abrangentes, um segurado pode receber compensação por despesas médicas, salários perdidos, despesas de funeral, além de outras despesas. As principais variações envolvem limites de dólar em despesas médicas e hospitalares, funeral e despesas de funeral, perda de renda e o valor a ser pago uma pessoa contratada para realizar serviços essenciais que um assegurado que foi ferido é incapaz de executar.

Motoristas em *no-fault states* podem processar por lesões graves se as circunstâncias do caso atenderem a determinadas condições. Estas condições são conhecidas como o limite de responsabilidade civil e podem ser expressas em termos verbais, tais como morte ou deformação significativa (*verbal threshold*) ou em quantias para despesas médicas (*monetary threshold*).

Com relação aos seguros de responsabilidade civil *choise no-fault*, os motoristas podem escolher uma de duas opções: ou contrata uma apólice de seguros de automóvel *no-fault* ou adquire um seguro de responsabilidade civil tradicional. Em Nova Jersey e Pensilvânia, a

---

66 A expressão *second party* é utilizada em referência à sociedade seguradora e a expressão *third part* designa o terceiro afetado pelo acidente.

opção *no-fault* tem um limite verbal. Por outro lado, em Kentucky há um limite monetário.

Nos estados de responsabilidade civil tradicional (*tort liability*), não há restrições sobre os processos judiciais. Um segurado que tenha provocado um acidente de carro pode ser processado por outro condutor e pelos passageiros deste último por danos morais (*pain and suffering*), bem como pelas despesas decorrentes do acidente, como despesas médicas.

Por fim, nos estados em que vigoram regras de responsabilização civil por acidentes de automóveis (*add-on states*), os motoristas recebem uma compensação de sua própria companhia de seguros como ocorre em estados que adotam o regime *no-fault*, mas não há restrições sobre os processos judiciais. O termo *add-on* é usado porque nesses estados as coberturas de danos pessoais devidas ao tomador de seguros independentemente de culpa (*first party benefits*) foram adicionadas ao sistema de responsabilidade civil tradicional. Em *add-on states*, a cobertura dos *first party* não pode ser obrigatória e os benefícios podem ser menores do que aquelas previstas em estados em que vigore verdadeiramente um regime de responsabilidade *no-fault*.

As coberturas mínimas exigidas pela legislação de cada estado para os seguros de responsabilidade civil no trânsito são: proteção contra danos pessoais (PIP), proteção de propriedade (*Property Protection* – PPI), lesão corporal residual e responsabilização por danos patrimoniais (*Residual Bodily Injury and Property Damage Liability* – BI/PD).

A proteção contra danos pessoais assegura cobertura para todas as despesas razoáveis e necessárias ao proprietário de veículo que sofra lesões corporais em razão de um acidente automobilístico, como despesas médicas e perdas salariais, por exemplo.

A cobertura de proteção de propriedade tem por finalidade garantir compensação pelos danos patrimoniais causados por seu veículo em propriedades de terceiros, como os danos provocados em outro veículo ou em construções.

Já a cobertura por lesão corporal residual e responsabilização por danos patrimoniais assegura a reparação, até o limite estabelecido pela política de cada estado, dos danos pelos quais o condutor do veículo seja responsabilizado, em razão de acidente automotivo que resulte em morte ou graves lesões a terceiro, além de reembolsa o custo de defesa do motorista segurado.

Outra cobertura de caráter peculiar diz respeito ao seguro de motorista não-segurado ou o com seguro insuficiente, que tem por objetivo auxilia a indenização dos seus custos decorrentes de lesões sofridas pelo segurado e seus passageiros na hipótese de um acidente de trânsito em que o outro condutor do outro veículo não tenha seguro contratado, ou cuja cobertura seja insuficiente reparação das vítimas.

A Tabela 5.3 demonstra as categorias de seguro de responsabilidade civil adotadas em cada estado americano, com os respectivos limites de cobertura.

Tabela 5.3 – Limites de Responsabilidade automobilísticas e regulações por estados norte-americanos

Estados	Seguro requerido (1)	Limites mínimos de responsabilidade (2)
Alabama	BI & PD Liab	25/50/25
Alasca	BI & PD Liab	50/100/25
Arizona	BI & PD Liab	15/30/10
Arkansas	BI & PD Liab, PIP	25/50/25
Califórnia	BI & PD Liab	15/30/5 (4)
Colorado	BI & PD Liab	25/50/15
Connecticut	BI & PD Liab, UM, UIM	20/40/10
Delaware	BI & PD Liab, PIP	15/30/10
Distrito de Columbia	BI & PD Liab, PIP, UM	25/50/10
Flórida	PD Liab, PIP	10/20/10 (5)
Geórgia	BI & PD Liab	25/50/25
Havaí	BI & PD Liab, PIP	20/40/10
Idaho	BI & PD Liab	25/50/15
Illinois	BI & PD Liab, UM, UIM	25/50/20
Indiana	BI & PD Liab	25/50/25*
Iowa	BI & PD Liab	20/40/15
Kansas	BI & PD Liab, PIP	25/50/25**
Kentucky	BI & PD Liab, PIP	25/50/10 (5)

REGULAÇÃO DO SEGURO DPVAT: MARCO REGULATÓRIO E ECONÔMICO

Estados	Seguro requerido (1)	Limites mínimos de responsabilidade (2)
Louisiana	BI & PD Liab	15/30/25
Maine	BI & PD Liab, UM	50/100/25 (6)
Maryland	BI & PD Liab, PIP, UM, UIM	30/60/15
Massachusetts	BI & PD Liab, PIP, UM	20/40/5
Michigan	BI & PD Liab, PIP	20/40/10
Minnesota	BI & PD Liab, PIP, UM, UIM	30/60/10
Mississipi	BI & PD Liab	25/50/25
Missouri	BI & PD Liab, UM	25/50/10
Montana	BI & PD Liab	25/50/20
Nebraska	BI & PD Liab, UM, UIM	25/50/25
Nevada	BI & PD Liab	15/30/10
Nova Hampshire	FR only, UM	25/50/25 (6)
Nova Jérsei	BI & PD Liab, PIP, UM, UIM	15/30/5 (7)
Novo México	BI & PD Liab	25/50/10
Nova York	BI & PD Liab, PIP, UM	25/50/10 (8)
Carolina do Norte	BI & PD Liab, UM, UIM (9)	30/60/25
Dakota do Norte	BI & PD Liab, PIP, UM, UIM	25/50/25
Ohio	BI & PD Liab	25/50/25
Oklahoma	BI & PD Liab	25/50/25
Oregon	BI & PD Liab, PIP, UM, UIM	25/50/20
Pensilvânia	BI & PD Liab, PIP	15/30/5
Rhode Island	BI & PD Liab	25/50/25 (5)
Carolina do Sul	BI & PD Liab, UM	25/50/25
Dakota do Sul	BI & PD Liab, UM, UIM	25/50/25
Tennessee	BI & PD Liab	25/50/15 (5)
Texas	BI & PD Liab	30/60/25
Utah	BI & PD Liab, PIP	25/65/15 (5)

REGULAÇÃO DO SEGURO DPVAT: MARCO REGULATÓRIO E ECONÔMICO

Estados	Seguro requerido (1)	Limites mínimos de responsabilidade (2)
Vermont	BI & PD Liab	25/50/10
Virgínia	BI & PD Liab (10), UM, UIM	25/50/20
Washington	BI & PD Liab	25/50/10
Virgínia Ocidental	BI & PD Liab, UM	25/50/25
Wisconsin	BI & PD Liab, UM	25/50/10
Wyoming	BI & PD Liab	25/50/20

1. Cobertura compulsória:

    BI Liab= responsabilidade por lesão corporal

    PD Liab= responsabilidade por danos à propriedade

    UM= Motorista sem seguro

    PD= Dano Físico

    Med= Despesas médicas do assegurado

    UIM= Motorista assegurado a baixo do necessário

    PIP= Proteção à injúria pessoal. Obrigatória em Estados que adotam "no fault". Incluem despesas médicas, de reabilitação, perda de ganhos e funerais. Em alguns Estados "PIP" incluem serviços essenciais tais como cuidados com crianças.

    FR= Somente Responsabilidade Financeira. Seguro não compulsório.

2. Os dois primeiros números se referem a limites de responsabilidade por lesão corporal e o terceiro se refere a limites de responsabilidade por dano patrimonial. Por exemplo, 20/40/10 significa que o limite de cobertura para todas os envolvidos no acidente é de 40.000 dólares, sujeito ao limite de 20.000 dólares para uma pessoa, e 10.000 para a cobertura patrimonial.

4. Limites da política de "baixo-custo" para motoristas de baixa renda na Califórnia são: 10/20/3.

5. Em vez de limites de política, os segurados podem satisfazer o requisito com uma política de limite único combinado. Valores variam em cada Estado.

6. Além disso, os segurados também devem ter cobertura para pagamentos médicos. Valores variam em cada estado.
7. Os limites da política básica (opcional) são 10/10/5. A cobertura dos motoristas sem seguro ou com seguro abaixo dos limites não está disponível no âmbito da política de base, mas a cobertura do motorista sem seguro é exigida no âmbito da política padrão. Política Especial de Seguro de automóvel disponível para certos condutores que cobre apenas o tratamento de emergência e um benefício de morte de $ 10.000.
8. Além disso, os segurados devem ter 50/100 para a cobertura de morte por negligência.
9. Obrigatório nas políticas de UM com limites superior a 30/60.
10. Obrigatório para comprar o seguro ou pagar uma taxa de motoristas de veículos não segurados (VUM) para o Departamento de Estado de Veículos Automotores

° A partir de 1º de julho de 2017.

°° A partir de 1º de janeiro de 2017.

°°° A implementação até 1 de Janeiro, de 2017.

Fontes: Property Casualty Insurers Association of America;
Agências estaduais de veículos motores e seguros;
Insurance Information Institute.

Com fins de propiciar a compreensão do quanto foi descrito até aqui, serão apresentados os sistemas de proteção às vítimas de trânsito adotados em 10 estados americanos. Para seleção dos estados, foram considerados, em dois grupos, os estados mais populosos com base nos dados do recenseamento realizado no ano 2015. O primeiro grupo é composto pelos cinco estados mais populosos dos Estados Unidos da América que adotam sistemas de cobertura diferentes de *no-fault*, quais sejam: Califórnia, Texas, Illinois, Ohio e Geórgia. Já o segundo grupo reúne os estados mais populosos que adotam um regime de cobertura *no-fault*, no qual não se exige a comprovação de culpa para fins de cobertura indenizatória, são eles: Flórida, Nova York, Pensilvânia, Michigan e Nova Jersey.

A apresentação dos estados está organizada a partir dos mais populosos seguidos pelos menos populosos.

5.2.1. Califórnia

A legislação do estado impõe aos proprietários de veículo a contratação de um seguro de responsabilidade civil para circulação nas rodovias californianas como um meio de cobrir custos relacionados a danos ou lesões causadas em um acidente de carro.

O *California Insurance Code* (§11580.1b) estabelece que o seguro deva possuir as seguintes coberturas mínimas: $ 15,000 (R$ 48.576,00) por danos pessoais ou óbito provocados à vítima; $ 30,000 (R$ 97.152,00), por lesão corporal ou morte, no caso de múltiplas vítimas; e $ 5,000 (R$ 16.192,00) para danos materiais.[67]

Insta mencionar que a companhia de seguros somente irá garantir a cobertura indenizatória, nesses limites, se for constatada a culpa do condutor no acidente. Caso a responsabilidade do causador do dano seja arbitrada em importância superior aos limites contratados, este arcará integralmente com os custos que excederem à cobertura.

Uma peculiaridade do sistema californiano é que a contratação de um seguro de responsabilidade com cobertura mínima, embora seja o meio de proteção mais usual, não é a única possibilidade de cumprir com os requerimentos da lei de responsabilidade financeira do estado.

Para cumprir a determinação legal, o proprietário de veículo automotor pode optar ainda por realizar um depósito em espécie no valor de $ 35,000 (R$ 113.344,00) no Departamento de Veículos ou consignar um ativo garantia no mesmo valor de qualquer empresa licenciada na Califórnia ou, ainda, obter junto ao Departamento de Veículo um certificado de autosseguro, disponível apenas para indivíduos que tenham uma quantidade mínima de veículos.

Caso um motorista não consiga comprovar que possui um seguro ou outra forma de responsabilidade financeira, estará sujeito ao pagamento de multa correspondente a $ 100-200 (R$ 323,84-647,68) pela primeira infração e de $ 200-500 (R$ 647,68-1.619,20) a cada nova vez que vier a ser parado sem que faça a prova de haver atender à exigência legal, em um período de 3 anos.

---

67 Conversão monetária de valores realizada no sítio eletrônico do Banco Central do Brasil, em 31 de julho de 2016: <http://www4.bcb.gov.br/pec/conversao/conversao.asp>.

5.2.2. Texas

Embora o seguro automotivo não seja obrigatório pela lei do Texas, o condutor deve ser capaz de pagar por qualquer dano patrimonial ou lesões corporais resultantes de um acidente de trânsito que tenha provocado.

Para cumprir com essa exigência, os cidadãos geralmente contratam seguros, cujas coberturas mínimas são: de $ 30,000 (R$ 97.152,00) para cada pessoa lesionada, de $ 60,000 (R$ 194.304,00) em acidente com mais de uma vítima e de $ 25,000 (R$ 80.960,00) por danos a propriedade de terceiros. Importante mencionar que esse seguro não cobre reparos e tratamentos de lesões próprias do condutor causador do dano.

Além do seguro, o proprietário de veículo automotor tem a opção de cobrir sua responsabilidade financeira de eventuais acidentes de trânsito com a realização de depósito em dinheiro ou em títulos no valor de $ 55,000 (R$ 178.112,00) junto ao controlador de trânsito do estado ou ao juiz do condado no qual o veículo está registrado, ou a partir da caução de dois indivíduos que tenham propriedades no Texas, com os mesmos limites de cobertura do seguro, ou, ainda, com a obtenção de um certificado de auto-segurado, se tiver uma frota com 25 veículos.

Pela violação das leis de responsabilidade financeira do estado, o motorista está sujeito a penalidades como multa, suspensão da habilitação e apreensão do veículo.

5.2.3. Flórida

A Flórida é um estado que adota um regime de proteção *no-fault*, ou seja, no qual se assegura reparação dos danos independentemente de apuração de culpa, sendo exigível que o condutor possua dois tipos de coberturas securitárias: proteção de lesão pessoal (PIP) e responsabilização por danos à propriedade (PDL).

A cobertura mínima requerida pelo estado é uma das mais baixas dos Estados Unidos e corresponde a $ 10,000 (R$ 32.384,00) tanto para danos pessoais, quanto para danos patrimoniais.

O PIP, além de cobrir parte das despesas médicas e perdas salariais do segurado resultantes de acidente de carro, também possui cobertura para seu(s) filho(s) e membros de sua casa, se estiverem na condição de passageiros, ainda que em veículos não conduzidos pelo segurado, ao titular do seguro quando se encontrar como pedestre ou ciclista, e a seus passageiros que não tenham PIP e não tenham carro.

Caso os passageiros do veículo causador do dano tenham PIP, eles terão cobertura de seu próprio seguro, nos valores estabelecidos.

O PDL cobrirá somente despesas com danos a propriedade de terceiros, como construções.

Se o motorista não for capaz de provar que possui os seguros obrigatórios (quando notificado), sua licença, placa e registro serão suspensos.

5.2.4. Nova York

Em Nova Iorque, para realização do licenciamento do veículo, os proprietários devem possuir seguro de responsabilidade de veículo, seguro *no-fault* e seguro contra motorista não segurado. Se o condutor fizer aula de direção defensiva, é possível conseguir desconto nos prêmios.

O seguro de responsabilidade não cobre o condutor do veículo causador do dano e tem cobertura mínima exigível para danos patrimoniais de terceiros de $ 10,000 (R$ 32.384,00) e para danos pessoais de até $ 100,000 (R$ 323.840,00) para acidentes que provoquem a morte de múltiplas vítimas.

Já o *no-fault insurance*, que garante compensação ao condutor segurado, inclui: um limite de $ 50,000 por pessoa para cobertura de despesas próprias relacionadas ao acidente; 80% de receitas perdidas em virtude do acidente, com um limite de $ 2,000 (R$ 6.476,80) por mês por até 3 anos; até 25 dólares por dia para custeio de despesas de atividades da casa (por até um ano da data do acidente); e $ 2,000 de benefício funeral.

No caso de o condutor possuir plano de saúde, o seguro atua primeiramente na cobertura de custos médicos. A cobertura do plano de saúde atuará a partir do momento em que o limite da cobertura do seguro for excedido.

Com relação ao seguro contra não segurados, as coberturas indenizatórias mínimas exigíveis são de $ 25,000 (R$ 80.960,00) por dano a uma pessoa e de $ 50,000 (R$ 161.920,00) para danos a múltiplas vítimas. Importante frisar que este seguro não cobre danos à propriedade.

O proprietário do veículo terá sua habilitação suspensa se ficar sem cobertura securitária por mais de por mais de 91 dias e não entregar a placa do seu veículo. Deve-se ressaltar que a placa deverá ser entregue ao departamento de trânsito logo que o proprietário deixe de estar coberto por um seguro obrigatório de trânsito.

5.2.5. Illinois

A lei de Illinois requer que o indivíduo tenha tanto o seguro de responsabilidade quanto a cobertura por motorista não segurado. O seguro de responsabilidade atua como um auxílio na cobertura de custos associados a danos pessoais e materiais de terceiros, devendo ter a cobertura mínima, por acidente, de $ 25,000 (R$ 80.960,00) para lesões corporais ou óbito por pessoa, de $ 50,000 (R$ 161.920,00) no total para lesões ou óbito para eventos com mais de uma vítima e de $ 20,000 (R$ 64.768,00) para danos à propriedade.

Já o seguro de motorista não segurado ou o com seguro insuficiente para cobrir seus custos auxilia na cobertura de lesões corporais do segurado e de seus passageiros num acidente de carro com outro veículo sem seguro.

O monitoramento e aplicação da lei são realizados por meio de questionários aplicados aleatoriamente e por verificações documentais por agentes do tráfego quando em trânsito.

Caso o proprietário do veículo não comprove possuir seguro quando da resposta ao questionário ou se for flagrado dirigindo sem seguro, terá a placa de seu veículo suspensa, além estar sujeito a multas.

5.2.6. Pensilvânia

A legislação da Pensilvânia requer que seus motoristas possuam dois tipos de seguros: o de cobertura de auxílios médicos e o de responsabilidade, sendo facultada a contratação do seguro contra motoristas não segurados.

O seguro de auxílios médicos ou *no-fault insurance* garante compensação para o pagamento de despesas médicas do motorista ou de passageiros em virtude de acidente de carro, independente de quem foi o culpado na causa do acidente e tem a cobertura mínima de $ 5,000 (R$ 16.192,00).

Entretanto, existe uma peculiaridade nesse seguro, visto que o objetivo principal do seguro *no-fault* é reduzir o número de processos civis em decorrência de acidentes. Em sua contratação o proprietário do veículo pode escolher uma das duas opções oferecidas, que se distinguem pelo direito de processar: o *limited tort* e o *full tort*.

O *limited tort* permite que a vítima inquira processo relativo a todas as despesas médicas, limitando o seu direito de processar por dor e sofrimento. Em suma, só seria possível processar por custos médicos se a lesão fosse muito grave. Já a *full tort* permite o direito de processar por custos médicos e dores e sofrimento. O valor do de prêmio para *limited tort* é naturalmente menor em relação à *full tort*.

O seguro de responsabilidade garante uma cobertura mínima de $ 5,000 (R$ 16.192,00) em caso de dano à propriedade e de até $ 30,000 (R$ 97.152,00) em caso de lesão corporal.

Se o departamento de trânsito (PennDOT) descobrir que o condutor não possui os seguros requeridos ou o condutor for abordado no tráfego e não comprovar que está de acordo com os parâmetros legais, ele estará sujeito às penalidade de multa, apreensão do veículo e suspensão da habilitação e do registro do veículo por até 3 meses.

5.2.7. Ohio

Semelhantemente aos estados vistos até aqui, a legislação do estado de Ohio requer que o indivíduo possua responsabilidade financeira para custear os danos resultantes de acidentes envolvendo seu veículo e a aquisição de um seguro de responsabilidade é a forma mais comum de atender a essa exigência.

São exigíveis coberturas mínimas, por acidente, de $ 25,000 (R$ 80.960,00) para danos materiais e de até $ 50,000 (R$ 161.920,00) para lesões ou morte.

Caso o motorista não comprove a aquisição desse seguro, algumas sanções podem ser aplicadas, como a perda do direito de dirigir e a suspensão do registro do veículo.

5.2.8. Geórgia

Na Geórgia, para que o veículo possa ser registrado, é obrigatória a contratação de um seguro de responsabilidade civil que assegure o pagamento de indenização por lesões ou danos que o condutor cause a terceiros como resultado de acidente automotivo, com coberturas mínimas de até $ 50,000 (R$ 161.920,00) para lesões corporais e de $ 25,000 (R$ 80.960,00) para danos à propriedade. Frise-se que esse seguro não garante os danos pessoais e materiais sofridos pelo condutor do veículo, mas somente aqueles experimentados por terceiros.

Se o condutor não estiver adimplente com as normas do seguro receberá uma notificação do Departamento de Serviços ao Motorista (*Georgia Department of Driver Services*), alertando-o das penas e sanções a que está sujeito. Caso sua habilitação seja suspensa, no caso da primeira infração, o motorista poderá ser reintegrado se atender a cada um dos seguintes pontos: (i) esperar que a suspensão dure ao menos 60 dias, (ii) adquirir, pelo menos, os valores mínimos de seguro (iii) pagar taxa de aproximadamente $ 200 (R$ 647,68).

5.2.9. Michigan

O estado de Michigan possui, talvez, o sistema mais complexo em relação aos mencionados até o momento. Em Michigan, todo veículo automotor registrado deve estar assegurado com o seguro *no-fault*.

Se o proprietário de um veículo o dirige, ou permite que terceiros o dirijam, sem seguro contratado, poderá ser processado e considerado pessoalmente responsável por todas as lesões e os danos resultantes de acidente de trânsito, inclusive os seus. Assim, caso o condutor sofra lesões corporais em um acidente envolvendo seu veículo não segurado, não terá direito a nenhum benefício do seguro sem-culpa. Poderá, ainda, ser condenado a pagar fiança entre $ 200 (R$ 647,68) e $ 500 (R$ 1.619,20), ou ser preso por até 1 ano, ou ambos. Além disso, poderá ter sua habilitação suspensa pela Justiça por 30 dias ou até que seja capaz de comprovar que possui seguro válido.

Por outro lado, caso esse condutor esteja segurado e se envolva em algum acidente, o seguro indenizará por despesas médicas, *wage-loss benefits* (lucros cessantes por perdas salariais), serviços de substituição, e pelo dano causado a si e à propriedade de terceiros, independentemente de quem seja o culpado pelo acidente. Saliente-se que o seguro não cobre os danos materiais próprios do condutor segurado.

Existem 3 coberturas básicas nesse seguro obrigatório: proteção contra danos pessoais (PIP), proteção de propriedade (PPI) e lesão corporal residual e responsabilização por danos patrimoniais (BI/PD).

A cobertura PIP é responsável por pagar todos os custos médicos sofridos pelo condutor do veículo segurado, bem como as perdas salariais em razão da incapacidade laborativa decorrente do acidente, corrigidas anualmente, pelo período de 3 anos. No caso de morte, esse valor será pago mensalmente à sua família pelo mesmo período.

Adicionalmente, o condutor lesionado poderá receber até $ 20 (R$ 64,77) por dia em serviços de substituição, pelas atividades que não puder realizar por si próprio em virtude do acidente, como serviços domésticos e de jardinagem.

O PIP pode ser coordenado com coberturas de saúde e incapacidade de modo a reduzir o valor do prêmio. Nessa hipótese, o seguro *no-fault* pagará pelas despesas médicas e perdas salariais depois de terem sido utilizados todos os benefícios do plano de assistência à saúde da vítima. Desse modo, o plano de saúde ou seria um seguro de primeiro risco e o seguro obrigatório somente cobriria as despesas remanescentes.

Outra cobertura básica do seguro obrigatório é a de PPI, que assegura reparação pelos danos provocados a propriedade de terceiros, como construções, em Michigan essa compensação pode chegar a $ 1 milhão.

Com relação à cobertura por lesão corporal residual e responsabilização por danos patrimoniais, a seguradora pagará os custos da defesa do causador do dano e compensará os danos decorrentes de acidente automotivo pelos quais ele for responsabilizado, até o limite da cobertura.

Além do seguro obrigatório, os usuários podem contratar outras coberturas, como de danos ao próprio carro e de pessoas não seguradas.

5.2.10. Nova Jersey

Em Nova Jersey, todos os condutores devem possuir um seguro automotivo. A diferença está nas modalidades de cobertura disponíveis: política básica e política padrão.

A política básica é a opção mais barata, mas oferece cobertura limitada, por acidente, de $ 5,000 (R$ 16.192,00) para danos à propriedade de terceiros (PDL), de $ 15,000 (R$ 48.576,00) para lesões pessoais do próprio condutor e de até $ 250,000 (R$ 809.600,00) para lesões gravíssimas (PIP), como dano cerebral permanente. Nessa política, não há cobertura de responsabilidade de lesões corporais de terceiros (BDL), que é oferecida como cobertura adicional.

Por outro lado, a política padrão oferece uma cobertura mais extensa, o que se reflete no valor do prêmio a ser pago. Nesse sentido, além das compensações incluídas na política básica, há a cobertura de responsabilidade de lesões corporais de terceiros de até $ 30,000 (R$ 97.152,00).

Acerca do direito de processar, é correto dizer que, independente da política escolhida, o condutor somente poderá requerer ação judicial por dor e sofrimento. Assim, não há como processar por despesas médicas ou perda de renda (ambos são cobertos pelo PIP).

No caso da escolha da política padrão, o condutor terá que decidir sobre seu direito de mover ação judicial. Neste cenário, existem duas hipóteses: direito ilimitado de processar e o direito limitado. Já na política básica, somente o segundo tipo é disponível.

Se a política escolhida for a ilimitada, o indivíduo somente poderá demandar processo em evento no qual terceiro cause um acidente em que o condutor seja ferido. O prêmio, nesta opção, é mais custoso.

Já na hipótese de limitado, o indivíduo somente poderá processar nos casos de: perda de uma parte do corpo, significantes desfiguração, cicatrizes e fraturas, interrupção de gravidez, lesão permanente e morte.

Não cumprir com a lei pode levar a pena de prisão, multas de até $ 15,000 (R$ 48.576,00) e suspensão da carteira de motorista.

5.3. PANORAMA GERAL DE OUTROS DESENHOS REGULATÓRIOS DE PULVERIZAÇÃO DOS RISCOS DE ACIDENTES DE TRÂNSITO

A existência de uma correlação diretamente proporcional entre desenvolvimento da indústria automobilística e número de acidentes resultou na ampliação dos conflitos coletivos em consequência dos danos provocados condutores de veículos automotores, como demonstrado nos capítulos antecedentes.

Por essa razão, o Estado, ante a impossibilidade de arcar, diretamente, com todas as necessidades decorrentes de danos socialmente produzidos pelo progresso no convívio coletivo, impõe àqueles, cuja atividade desempenhada possa acarretar danos a terceiros, a assunção de responsabilidade pelo bem-estar dos demais membros da sociedade, como concretização do princípio da solidariedade social.

Com efeito, diante da necessidade de se implementar mecanismos jurídico-institucionais capazes de minimizar os efeitos desses riscos sociais, diferentes sistemas de pulverização de riscos foram adotados pelos países ao redor do mundo, dentre os quais, o seguro obrigatório é comumente o mais utilizado.

Nas seções anteriores foram apresentadas as perspectivas dos instrumentos utilizados na Europa e nos Estados Unidos. Aqui será apresentada uma visão geral de 7 (sete) países que, embora tenham adotado sistemáticas de proteção às vítimas de acidentes automobilísticos diferenciadas entre si, possuem características similares ao seguro obrigatório de trânsito vigente no Brasil, no que se refere à universalidade da cobertura e à obrigatoriedade de sua contratação. São eles: África do Sul, Bolívia, Canadá (Quebec), Chile, Colômbia, Nova Zelândia e Peru.

Na África do Sul, no Quebec (província canadense) e na Nova Zelândia a estrutura regulatória de gestão é monopolizada e estatizada, sendo que, na África e na Nova Zelândia, o recolhimento de recursos para o financiamento das políticas indenizatórias realiza-se por meio de uma contribuição incidente sobre o valor do combustível. Nos demais países, vigora um regime de livre concorrência. No Chile, o valor do prêmio do seguro é anualmente fixado pelo Estado.

5.3.1. África do Sul

O sistema adotado na África do Sul é estruturado sob a forma de seguro de responsabilidade civil e seu financiamento dá-se por meio de uma contribuição incidente sobre o valor do combustível (gasolina e diesel) denominada *RAF Fuel Levy*.

O *RAF Fuel Levy* é estabelecido sob um regime de contribuição *pay-as-you-go* (ou repartição simples), no qual, segundo Ribeiro, se espera recolher a importância apenas em nível suficiente para pagar o custo do sistema indenizatório sem qualquer acúmulo ou capitalização. Atualmente, o *RAF Fuel Levy* está fixado em 154 cêntimos do litro do combustível.

Essa contribuição é repassada para um fundo constituído especialmente para sua gestão, o *Road Accident Fund* (RAF), pessoa jurídica estatal, criada pelo mesmo ato que desenhou essa estrutura regulatória. Pode-se afirmar, portanto, que os recursos arrecadados pelas contribuições pagas pelos proprietários de veículo automotor ao abastecerem seus automóveis é gerido, em regime de monopólio, pelo RAF, que tem por objetivo garantir cobertura obrigatória a cidadãos ou estrangeiros, vítimas de acidentes de trânsito que resultem em danos pessoais ou morte, em razão de perdas ou danos provocados por condutores de veículos automotores, sejam estes identificados ou não.

Importante salientar que o sistema sul-africano de compensação se baseia na exigência de demonstração de culpa do condutor ou proprietário do veículo. Assim, o RAF somente será compelido a pagar indenização pelos danos sofridos ao requerente, desde que demonstrada negligência ou dolo do causador do dano, e que a vítima não tenha concorrido para o sinistro, circunstância que ensejaria exclusão de responsabilidade.

Dentre as competências do RAF podem ser destacadas aquelas típicas de uma sociedade seguradora, como regulação de sinistros e a aquisição de resseguro para assunção de riscos assumidos pelo Fundo, nos limites da lei. O RAF conta, ainda, com expressa autorização legislativa para a celebração de acordos de cooperação com outras entidades governamentais para garantir uma gestão eficiente do Fundo e melhor governança corporativa.

O sistema sul-africano assegura uma cobertura compensatória para despesas funerárias, médicas e suplementares, lesões corporais e morte até o limite de R160.000 (equivalente a R$ 35.952,00)[68]. Essa importância é reajustada trimestralmente para conter os efeitos da inflação.

O quadro institucional descrito está regulamentado pelo *Road Accident Fund Act*, 1996 (*Act No. 56 of 1996*), tendo sofrido alterações relevantes pelo *Road Accident Fund Amendment Act*, 2005 (*Act No. 19 of 2005*).

5.3.2. Bolívia

De acordo com a *Ley nº 1883, de 1998* – marco regulatório do sistema de seguros boliviano –, a proteção do bem-estar social da população, nele compreendidas a saúde, os meios de subsistência e a reabilitação de pessoas incapacitadas, realizar-se-á com o estabelecimento, pelo Estado, de seguros obrigatórios em regime de seguridade social.

Nesse sentido, o *Seguro Obligatorio de Accidentes de Tránsito* (SOAT) tem por objetivo conceder uma compensação para os eventos de morte, invalidez total permanente e reembolso de despesas médicas decorrentes de acidentes de trânsito até a importância máxima de *Bs* 24.000 (equivalente a R$ 11.366,40)[69] por pessoa vitimada, sem limite de pessoas cobertas. Esse valor, por expressa disposição legal, deve ser revisto, pelo menos, uma vez a cada três anos pelo Poder Executivo.

A cobertura do seguro alcança tanto o condutor e os demais ocupantes do veículo causador do dano quanto terceiros.

O seguro obrigatório de trânsito boliviano tem vigência anual e, independentemente do mês em que tenha sido contratado, o prêmio deve ser pago em sua integralidade.

---

68 Conversão de moeda realizada, em 06 de julho de 2016, disponível no site do Banco Central do Brasil: <http://www4.bcb.gov.br/pec/conversao/conversao.asp>.

69 Conversão de moeda realizada, em 10 de julho de 2016, no site do Banco Central do Brasil.

O prêmio do seguro é fixado anualmente pelo governo e varia conforme a categoria de cada veículo e sua titularidade (público ou privado).

O SOAT é ofertado em regime de livre concorrência por qualquer sociedade seguradora que tenha autorização da *Autoridad de Fiscalización y Control de Pensiones y Seguros* (APS) – órgão regulador setorial – para comercializá-lo e que subscreva o *Fondo de Indemnizaciones SOAT* (FISO).

O FISO é um fundo responsável pela indenização das vítimas de acidentes automobilísticos provocados por veículos não identificados, constituído por aportes obrigatórios das seguradoras que operam com o SOAT e gerido por acordo mútuo destas.

Insta mencionar, por pertinente, que a Lei nº 6194/1974, que regulamenta o Seguro DPVAT, dispõe de modo semelhante em seu artigo 7º, ao dispor que um consórcio constituído por todas as sociedades seguradoras que operem com o seguro obrigatório de trânsito indenizará nos casos de pessoa vitimada por veículo não identificado, com seguradora não identificada ou com seguro não realizado ou vencido. No entanto, no Brasil, a regulamentação optou pelo modelo monopolístico, conforme demonstrado nos capítulos anteriores.

Entretanto, no caso de acidentes envolvendo mais de um veículo, cada seguradora é responsável pela cobertura indenizatória do veículo por ela segurado, havendo solidariedade entre elas, se pedestres forem vítimas do sinistro. Se, porventura, um dos veículos não estiver segurado pelo SOAT, a seguradora do veículo segurado será responsável pelo pagamento de indenização ao condutor deste, seus passageiros, pedestres e passageiros do veículo não segurado, à exceção do condutor.

Frise-se que, via de regra, o proprietário de veículo sinistrado que não tenha contratado o SOAT será diretamente responsável pela indenização das vítimas.

Uma peculiaridade verificada no diploma regulamentador desse seguro cogente, que ressalta a função social de que se reveste, está relacionada aos acidentes de trânsito de que resulte a morte de uma pessoa, por exemplo, um pedestre que não seja identificado e cujo cadáver não tenha sido reclamado.

O normativo preconiza que, na hipótese em que o veículo causador do dano seja conhecido, a seguradora que celebrou o contrato arcará com os custos de identificação e de comunicação aos familiares, efetuando o pagamento da indenização aos beneficiários.

A seguradora deverá publicar um aviso em periódico de circulação nacional por três dias, no período de 30 dias. Somente após esse prazo, sem que tenha sido identificada a família, proceder-se-á o enterro da vítima fatal. Se, em até um ano depois do enterro, houver a identificação e seus beneficiários se apresentarem, a seguradora incorrerá nas despesas para adoção dos procedimentos necessários, descontando os gastos realizados da indenização devida. Caso o veículo não seja identificado, o FISO terá a mesma responsabilidade da seguradora de veículo identificado.

Para monitorar o adimplemento dos proprietários de veículo automotor, no momento da contratação, as seguradoras entregam àqueles um adesivo que deve ser afixado no parabrisa dianteiro do automóvel, denominado *Roseta SOAT*, que possibilita a identificação visual dos veículos adimplentes com a obrigação de contratar. A cor e as características técnicas desse selo são estabelecidas anualmente por resolução administrativa do órgão regulador.

Como forma de ampliar o controle da contratação do SOAT por parte da sociedade, a legislação assegura aos usuários de veículos utilizados na prestação de serviços público a faculdade de denunciar a falta do adesivo identificador do SOAT.

A norma regulamentadora dispõe, ainda, sobre o dever do órgão regulador e das seguradoras de realizarem campanhas de educação e informação do SOAT, além de recomendar expressamente a inclusão da temática relativa à segurança viária e ao SOAT no currículo escolar.

5.3.3. Canadá (Quebec)[70]

Desde 1978, a *Société de l'assurance automobile du Québec* (SAAQ) – anteriormente denominada *Régie de l'assurance automobile du Québec*, é a entidade governamental que gere o sistema de cobertura, controle, compensação e reabilitação das vítimas de acidentes de trânsito no âmbito daquela província canadense, que assegura uma cobertura indenizatória, independentemente de apuração de culpa, ainda que o veículo não seja identificado.

Além disso, a SAAQ atua na coordenação operacional entre os departamentos e órgãos responsáveis pela segurança, fiscalização e registro de trânsito e colabora na elaboração de normas de segurança viária.

---

70 Todas as conversões de Dólar Canadense para Real apresentadas nesta subseção foram realizadas, em 25 de julho de 2016, no site do Banco Central do Brasil.

Para o desenvolvimento das competências atribuídas à SAAQ foi constituído um fundo, por ela administrado, denominado *Fonds d'assurance automobile du Québec*, dedicado à concessão de compensações indenizatórias para danos pessoais e patrimoniais das vítimas e à promoção e prevenção de segurança rodoviária.

O patrimônio do fundo é formado a partir da arrecadação de recursos provenientes de contribuições para o seguro cogente exigíveis por ocasião da concessão de licença provisória, temporária ou permanente para condutores de veículos automotores e por ocasião do licenciamento do veículo, na qual são considerados fatores como categoria, risco de acidentes calculados para o tipo de veículo, marca, modelo, utilização, capacidade do motor, área geográfica trânsito, personalidade jurídica do proprietário do veículo, número de pontos de demérito no registro do requerente, entre outros.

Embora as vítimas de acidentes automobilísticos tenham direito à percepção de cobertura indenizatória independentemente de apuração de culpa, o *Automobile Insurance Act* (*Chapter* A-25) prevê uma exceção à essa regra geral. Trata-se da hipótese em que o acidente envolve vítima não residente no Quebec. Ou seja, a vítima não residente somente terá direito à compensação indenizatória em virtude do acidente, se não for responsável pelo mesmo. De todo modo, se houver divergência quanto à responsabilidade entre a vítima não residente e o SAAQ, aquela poderá recorrer da decisão ao tribunal competente no prazo de até 180 dias.

Por outro lado, caso a vítima de acidente de trânsito seja residente no Quebec, fará jus à percepção de cobertura indenizatória ainda que o acidente tenha ocorrido fora da província.

Vale mencionar que, para os efeitos dos direitos de indenização a cargo do SAAQ, considera-se residente a pessoa que viva em Quebec e que seja cidadão canadense com residência permanente ou pessoa que tenha permissão legal para entrar como visitante.

No que se refere às coberturas, a legislação prevê que o SAAQ indenizará nos casos de morte, reembolso de despesas por assistência domiciliar e funerárias, além de indenização por substituição de rendimento, nas hipóteses de incapacidade para o desempenho de atividades laborativas em razão do acidente.

Nos acidentes que resultarem em vítimas fatais, os beneficiários destas farão jus aos seguintes benefícios: (i) reembolso de despesas que assegure até 15 horas de tratamento psicológico; (ii) indenização no montante fixo de $ 3.000 (R$ 7.442,40) para o custeio de despesas funerárias; (iii) indenização aos beneficiários na forma que se demonstrará a seguir.

Ao cônjuge do falecido será paga uma compensação correspondente ao maior valor verificado entre as seguintes alternativas: (a) resultado da multiplicação dos rendimentos pelo período de 6 (seis) meses a que teria direito se a vítima não tivesse falecido; ou (b) a importância de $ 49.121 (R$ 121.859,38). Na circunstância de nascimento de filho póstumo de vítima fatal de acidente de trânsito, este terá direito à indenização no valor de $ 16.500 (R$ 40.933,20). Por outro lado, se a vítima que vier a falecer em razão de acidente automobilístico for uma criança será devida a compensação de $ 40.000 (R$ 99.232,00) a ser dividida entre seus pais. Em qualquer caso, é possível o pagamento parcelado da indenização por morte por um período não superior a 20 (vinte) anos.

No que se refere às lesões corporais decorrentes do acidente, é assegurado à vítima um reembolso de assistência domiciliar de até $ 614 (R$ 1.523,21) por semana, caso tenha se tornado incapaz de cuidar de si mesma ou de realizar atividades essenciais sem o auxílio de outra pessoa.

Adicionalmente, a depender da faixa etária da vítima ou de sua capacidade laborativa antes do acidente, a vítima terá direito a obter uma indenização em substituição da renda que teria auferido se não tivesse sofrido o acidente. Essa indenização é calculada com base na renda bruta auferida ou a ser auferida pela vítima e em índices estabelecidos em regulamentos pelo SAAQ.

Se a vítima tiver 64 anos ou mais, a indenização será reduzida em 25% (vinte e cinco por cento) a cada ano a partir do segundo ano, até que complete o quarto ano, a partir do qual deixará de ter o direito à indenização. Ressalte-se que, se a vítima já possuía incapacidade que a impedisse de trabalhar, não terá direito à compensação por substituição de renda.

Insta salientar que, afora as coberturas já mencionadas, pelos danos não pecuniários concernentes à dor, ao sofrimento mental, às lesões permanentes, às sequelas funcionais ou estéticas provocadas pelo acidente, a vítima fará jus ao pagamento de uma importância de até $ 175.000 (R$ 434.140,00).

O *Automobile Insurance Act* impõe, ainda, aos proprietários de veículo automotor o dever de contratar um seguro de responsabilidade civil por danos materiais provocados a terceiros com a importância segurada de no mínimo $ 50.000 (R$ 124.040,00). Não obstante, o SAAQ assegura a cobertura de danos materiais até o valor de $ 10.000 (R$ 24.808,00), ficando sub-rogado dos direitos da vítima em face do causador do dano.

Uma peculiaridade do modelo adotado no Quebec refere-se à avaliação da capacidade laborativa da vítima, após 180 dias do acidente, ocasião em que o SAAQ busca a alocação profissional da vítima compatível com sua formação, experiência e capacidades físicas e intelectuais, de modo a solucionar problemas como a dependência passiva.

5.3.4. Chile

Por expressa disposição legal, todo veículo automotor para o qual seja exigido licenciamento para transitar pelas vias públicas do território chileno deve estar segurado contra o risco de acidentes pessoais. Em outras palavras, para obter permissão para circulação, o proprietário de veículo automotor deverá contratar o *Seguro Obligatorio de Accidentes Personales* (SOAP).

O SOAP foi instituído pela *Ley nº 18.490, de 1986* (e alterações posteriores), sendo ofertado em regime de livre concorrência pelas seguradoras autorizadas a operar pela *Superintendencia Valores y Seguros* (SVS), órgão regulador do mercado de seguros.

Trata-se de um seguro cogente que assegura cobertura indenizatória em caso de morte e lesões corporais, bem como reembolso de despesas de assistência médicas e hospitalares decorrentes de acidentes de trânsito provocados pelo veículo segurado independentemente de comprovação de culpa.

São alcançados pela cobertura do SOAP o condutor do veículo causador do dano e eventuais passageiros, assim como qualquer terceiro que sofra danos decorrentes do sinistro, não havendo, todavia, compensação se o terceiro for o condutor de veículo não segurado envolvido no acidente e no caso de suicídio ou de lesões autoinfligidas.

Não obstante seja desnecessária a comprovação de culpa para que haja o direito à percepção da indenização pela vítima do acidente, caso seja demonstrado dolo do causador do dano, ainda que adimplente com o pagamento do prêmio do seguro, a seguradora terá, contra ele, direito de regresso para se ressarcir do que houver pagado de cobertura indenizatória.

Os valores de prêmios para o SOAP, cobrados por cada sociedade seguradora autorizada a ofertá-lo, encontram-se disponíveis no sítio eletrônico do órgão regulador. De acordo com a tabela disponibilizada, os prêmios do seguro variam conforme a categoria do veículo e com o canal de contratação (presencial ou internet), sendo pertinente destacar que o número de seguradoras que oferecem as duas possibilidades de contratação é reduzido. Pode-se verificar, ainda, que algumas seguradoras oferecem desconto na renovação do seguro.

A diferença entre o valor de prêmio de seguro pago pelo proprietário de motocicleta que contrate o SOAP pela internet ou presencialmente pode chegar a aproximadamente 20%, já no caso de automóvel essa diferença chega a 49,3%.[71] O valor médio do prêmio do seguro contratado pela rede mundial de computadores é de $ 33.864 (R$ 169,25) para motos e a $ 5.481 (R$ 27,39) para automóveis.[72]

Os valores de indenização estão fixados, no diploma instituidor do SOAP, em Unidades de Fomentos (UF), valor escritural reajustável de acordo com a inflação, até o limite máximo de 300 UF (equivalente a R$ 39.085,89)[73].

Uma peculiaridade que indica a relevância desse seguro obrigatório de trânsito está na impossibilidade de resolução unilateral do contrato antes de seu termo, sendo necessária, para tanto, sentença judicial transitada em julgado.

5.3.5. Colômbia

O Estatuto Orgânico do Sistema Financeiro da Colômbia – Decreto nº 663/1993 –, que traz em seu bojo as normas concernentes ao *Seguro Obligatorio de Daños Corporales Causados a las Personas en Accidentes de Tránsito* (SOAT), é o primeiro dos diplomas estudados nessa seção que estabelece outros objetivos para o referido seguro além da cobertura

---

71 Percentuais calculados com base na média de valores de prêmios de SOAP ofertados para contratação pela internet em comparação com a média de valores para contratação presencial, considerando-se que em todos os casos não há renovação do seguro.

72 Conversão de moeda realizada, em 09 de julho de 2016, no site do Banco Central do Brasil.

73 Conversão de moeda realizada, em 09 de julho de 2016, no site do Banco Central do Brasil, a partir do valor de $ 26.067,69 (pesos chilenos) para cada UF, consoante dados de indicadores diários. Disponível no sítio eletrônico do Banco Central Chileno: <http://si3.bcentral.cl/Indicadoressiete/secure/Indicadoresdiarios.aspx>. Acesso em: 09 de julho de 2016.

indenizatória e reembolso de despesas médicas e funerárias no caso de acidentes de trânsito. São previstos expressamente como objetivos do SOAT a contribuição para o fortalecimento da infraestrutura de urgências do sistema nacional de saúde e para o difusão do seguro a partir da operação de um sistema de seguro obrigatório.

A estrutura regulatória colombiana de pulverização de riscos sociais decorrentes de acidentes de trânsito conta com o SOAT – seguro ofertado em regime de livre concorrência pelas seguradoras autorizadas que assegura compensação pelos danos às vítimas de acidentes provocados por veículos identificado – e com o *Fondo del Seguro Obligatorio de Accidentes de Tránsito* (FONSAT) – destina-se a indenizar exclusivamente as vítimas de acidentes provocados por veículos não identificados ou não segurados no que se refere à reparação das despesas médicas e suplementares.

Por meio da *Ley n° 100, de 1993*, foi criado o *Fondo de Solidaridad y Garantía* (FOSYGA), gerido no âmbito do Ministério da Saúde. A partir de sua criação, os recursos destinados ao FONSAT passaram a integrar uma subconta de seguro de riscos catastróficos e acidentes de trânsito, denominada ECAT.

Por disposição legal, as seguradoras que tenham obtido autorização para operar com o SOAT são obrigadas a oferecer o referido seguro, não podendo deixar de oferecê-lo. Não obstante a vigência ânua seja a regra, as sociedades seguradoras deverão ofertá-lo por prazo inferior a um trimestre e por período de curto prazo para cobrir os riscos de veículos em trânsito temporário no território colombiano ou para atender, por exemplo, demandas de veículos classificados como antigos ou clássicos.

A regulação determina ainda que, por se tratar de um seguro de contratação obrigatória, as seguradoras deverão implementar um mecanismo de compensação que impeça a seleção adversa por categoria de veículos, além de outras medidas que garantam a viabilidade financeira de exploração do SOAT.

Os valores dos prêmios do SOAT são livremente estabelecidos pelas seguradoras e variam conforme as categorias de veículo, entre veículos oficiais, motos, caminhões e outros, sendo também consideradas características como: idade (até 9 anos e 10 anos ou mais), capacidade do motor (como cilindradas para motos), peso (por tonelada para caminhões), utilização (familiar ou empresarial), número de passageiros, região de operação (no caso de serviço público de transporte urbano ou intermunicipal).

O proprietário de veículo automotor, ao contratar o SOAT, além do prêmio do seguro, incorre em dois outros custos. Um valor fixo, independente das características do veículo, correspondente à Taxa Runt, que se destina ao financiamento do *Registro Único Nacional de Trânsito* – uma base de dados que contém todas as informações concernentes à frota nacional de veículos, seus proprietários, condutores, seguros, infrações, acidentes de trânsito e empresas de transporte público e outro variável que representa um percentual de 50% do prêmio do SOAT e é destinado ao financiamento da subconta ECAT do *FOSYGA*.

O SOAT garante cobertura indenizatória de até 750 salários mínimos diários (equivalente a R$ 19.235,79)[74], vigentes no momento do acidente, independentemente de culpa, ao condutor do veículo causador do dano, aos passageiros ou aos terceiros que sejam vítimas de acidentes de trânsito, por incapacidade permanente, morte e gastos funerários ou de transporte das vítimas a estabelecimentos de saúde, como hospitais e clínicas.

Por outro lado, para a determinação da importância referente à cobertura por despesas médicas e suplementares, o Governo terá em conta o montante de recursos disponíveis. Ou seja, se houver pouca disponibilidade de recursos para o custeio dessas despesas, o governo poderá alterar a tabela base de saúde pública de modo a viabilizar o atendimento da demanda.

Não obstante a cobertura das despesas médicas e suplementares dependa de regulamentação estatal, a legislação possui um dispositivo transitório que prevê o dever de indenizar em até 500 salários mínimos legais diários vigentes no momento do sinistro a cargo da seguradora responsável pela emissão da apólice e até 300 salários mínimos legais diários vigentes no momento do sinistro sob a responsabilidade do Estado, por meio do *FOSYGA*.

Para o financiamento dos custos relacionados ao dever de indenizar que compete ao Estado, mencionado no parágrafo anterior, as seguradoras que operam com o SOAT são obrigadas a repassar 20% (vinte

---

74 O salário mínimo legal mensal para o exercício de 2016 foi estabelecido pelo Decreto nº 2552, de 2015, do *Ministerio del Trabajo* em $ 689.455,00. Logo, o salário mínimo legal diário corresponde a 1/30 desse valor, ou seja, $ 22.981,83. Com base nesse cálculo, em 17 de julho de 2016, foi realizada a conversão da moeda no sítio eletrônico do Banco Central do Brasil na rede mundial de computadores.

por cento) dos prêmios do seguro emitidos no bimestre anterior. Este valor é independente e não se confunde com a contribuição realizada compulsoriamente pelos proprietários de veículos automotores.

Ainda com relação à cobertura por despesas médicas e suplementares, impõe-se aos estabelecimentos de saúde, públicos ou privados, a obrigação de prestar atendimento médico, cirúrgico, farmacêutico ou hospitalar às vítimas de acidentes de trânsito, sob pena de aplicação de sanções em caso de descumprimento, tais como multa, intervenção das atividades técnicas e administrativas por até 6 meses, suspensão ou perda definitiva da personalidade jurídica (no caso das entidades privadas) e suspensão ou perda da autorização para prestar serviços de saúde. Não obstante, é assegurado a tais entidades o direito de reclamar das seguradoras a reparação devida, pelos gastos incorridos em face de tal obrigação.

O SOAT integra o processo de licenciamento dos veículos e o controle de sua contratação deve ser realizado pelas autoridades de trânsito, sob o risco de destituição do funcionário que for omisso no cumprimento dessa obrigação, estando o condutor do veículo sujeito a multa.

No caso de sinistro envolvendo mais de um veículo segurado, o terceiro ou seu beneficiário poderá reclamar a reparação de seus danos a qualquer das seguradoras, ficando aquela à qual ele se dirigir, obrigada a garantir a integralidade da indenização, sem prejuízo de seu direito de ressarcir-se perante as demais seguradoras do que houver excedido sua obrigação. A reparação devida às vítimas de acidentes envolvendo veículos sem SOAT ou não identificados será paga pelo *FOSYGA*.

5.3.6. Nova Zelândia

Desde o ano de 1999, a Nova Zelândia possui um sistema monopolista de compensação financeira e suporte para cidadãos, residentes e visitantes temporários que tenham sofrido qualquer espécie de acidente pessoal, independentemente de apuração de culpa. Esse sistema é administrado por uma entidade governamental denominada *Accident Compensation Corporation* (ACC) com jurisdição nacional.

O principal objetivo regulatório que se pode destacar do diploma regulamentador, *Accident Compensation Act*,[75] *2001 (Act no. 49 of*

---

75 A denominação desse diploma foi alterada para *Accident Compensation Act* pelo Parlamento em 03 de março de 2010, antes esse ato era denominado *Injury Prevention, Rehabilitation and Compensation (IPRC) Act 2001*.

2001), refere-se à promoção de medidas que melhorem o bem-estar social, buscando minimizar o volume de acidentes pessoais por meio de políticas de prevenção e de educação, assim como o impacto que as lesões corporais geram na comunidade, em razão dos custos econômicos, sociais e pessoal.

A cobertura para danos pessoais provocados por acidentes de trânsito é custeada por um dos fundos administrados pela ACC, o *Motor Vehicle Account*. Essa conta é financiada por recursos advindos de uma contribuição de 6,90 centavos incidentes sobre o valor do combustível e da taxa de licenciamento anual de cada veículo, variável de acordo com critérios de classificação estabelecidos legalmente, que levam em consideração marca, modelo, ano, itens de segurança, potência, entre outros. No caso de veículos elétricos, a diesel ou que utilizam outro combustível não derivado do petróleo, o proprietário incorre em uma taxa de licenciamento maior.

Para se ter uma ideia, o custo do licenciamento de veículos de passageiros, cujo peso seja inferior a 3,5 toneladas, é classificado em sete faixas de risco, com valores que variam de $ 25,54 (R$ 58,62), para a faixa representativa de menor risco, a $ 84,98 (R$ 195,04) referentes à faixa de maior risco. Esses valores chegam, respectivamente, a $ 99,83 (229,12) e a $ 159,27 (R$ 365,54), se a fonte de energia utilizada pelo veículo for elétrica ou não derivada do petróleo.[76]

Não obstante, além do custo diferenciado ao qual incorrem os proprietários de ciclomotores e motocicletas em decorrência da classificação de risco por cilindrada e por fonte de energia, há uma taxa adicional denominada *Motorcicle Safety Levy* no valor de $ 25 (equivalente a R$ 56,90)[77] anuais. Essa taxa é direcionada para um fundo apartado constituído, especificamente, para reduzir o número e a gravidade das lesões provocadas por esses veículos.

Outro aspecto relevante diz respeito à subvenção cruzada existente entre as categorias de veículo, especialmente no que se refere aos ciclomotores e às motocicletas. Isto é, além das variáveis utilizadas para o cálculo do valor a ser pago pelos proprietários de veículos automotores, quando do licenciamento destes, o ACC calcula o qual o custo que

---

[76] Conversão de moeda realizada, em 24 de julho de 2016, no site do Banco Central do Brasil.

[77] Conversão de moeda realizada, em 21 de julho de 2016, no site do Banco Central do Brasil.

as categorias com menor sinistralidade podem suportar para subsidiar parcela dos custos das categorias com maior sinistralidade. Não fosse isso, o custo de licenciamento para ciclomotores e motocicletas poderia se tornar impraticável, pelos motivos mencionados no parágrafo antecedente.

O sistema gerido pelo ACC assegura o custeio do tratamento médico relativo aos danos pessoais sofridos pelas vítimas de acidentes automobilísticos, dando o suporte necessário para sua reabilitação, além de uma compensação de até 80% (oitenta por cento) da renda, na hipótese de incapacidade para o trabalho decorrente das lesões, enquanto durar a incapacidade.

A estrutura regulatória de compensação às vítimas de acidente de trânsito neozelandesa aproxima-se em parte do modelo sul-africano, especialmente no que tange à gestão estatizada em regime de monopólio e em virtude de parcela dos recursos que financiam o sistema de pulverização desse risco social advir de uma contribuição fixa incidente sobre o litro do combustível.

Entretanto, ambos se diferenciam no regime de contribuição adotado. No modelo sul-africano, como visto, aplica-se o regime de contribuição *pay-as-you-go*, no qual os pagamentos efetuados pelos contribuintes custeiam as indenizações correntes sem que haja capitalização e acúmulo de reservas futuras, ao passo que o regime adotado pela Nova Zelândia é o *fully funded*, regime em que os benefícios pagos aos beneficiários vêm diretamente da receita acumulada do fundo, ou seja, as contribuições realizadas formam uma reserva para utilização futura.

5.3.7. Peru

A Lei Geral de Transporte e Trânsito Terrestre do Peru – *Ley n° 27181, de 1999* – estabelece que, em matéria de trânsito e transporte, a ação estatal deve ser orientada para a satisfação das necessidades dos usuários, preservação de sua segurança e saúde e para a proteção do ambiente e da sociedade. O referido diploma preconiza, ainda, que o Estado atua para promover a assunção dos custos gerados pelas decisões de cada um dos agentes que intervenham em atividades relacionadas ao seu âmbito de aplicação.

Assim, para a implementação dos objetivos daquela lei foram elencados alguns regulamentos nacionais, dentre os quais aquele que contém disposições concernentes à determinação de responsabilidade civil por acidentes de trânsito, designado *Reglamento Nacional de Responsabilidad Civil y Seguros Obligatorios por Accidentes de Tránsito – Decreto Supremo n° 024-2002-MTC*.

Na forma que dispõe o texto regulamentador, o *Seguro Obligatorio por Accidente de Tránsito* (SOAT), que integra o processo de licenciamento veicular, garante às vítimas de acidentes de trânsito, passageiros ou não, cobertura, de até 5 UIT (equivalente a R$ 19.801,35)[78], para os eventos de morte, invalidez permanente, incapacidade temporária e reembolso para despesas médicas e funerárias, independentemente de apuração de culpa. Não havendo, portanto, cobertura indenizatória para danos materiais que sejam consequência direta de acidentes automobilísticos, assim como no Brasil. Faculta-se ao tomador[79] do seguro a contratação do SOAT por coberturas superiores àquelas determinadas na norma disciplinadora.

O SOAT pode ser contratado livremente com qualquer companhia seguradora que seja autorizada pela *Superintendencia de Banca, Seguros y Administradoras Privadas de Fondos de Pensiones*, organismo encarregado da supervisão e regulação dos sistemas financeiro, de seguros e de previdência privada.

Os valores de referência dos prêmios do SOAT, segregados por região e seguradora, encontram-se disponíveis no sítio eletrônico do órgão regulador. Já os de indenização estão fixados pelo Estado por *Unidad Impositiva Tributária* (UIT), índice de referência utilizado comumente em normas tributárias, no Peru.

Por manifesta disposição legal, as seguradoras somente podem inserir os custos de intermediação e assessoria nos prêmios do SOAT, quando estes corresponderem à efetiva distribuição do seguro, sendo necessária a expressa autorização do tomador do seguro no caso de apólices corporativas.

---

78 Conversão de moeda realizada, em 13 de julho de 2016, no site do Banco Central do Brasil, a partir do valor de S/.3950 para cada UF, consoante dados de indicadores diários disponível no sítio eletrônico do *Ministerio de Economía y Finanzas del Peru*. Disponível em: <http://www.mef.gob.pe/contenidos/tributos/valor_uit/uit.pdf>, na mesma data.

79 Devedor das obrigações por assumidas no contrato principal. Definição extraída do Glossário de Seguros disponível no sítio eletrônico da Superintendência de Seguros Privados Disponível em: <http://www.susep.gov.br/menu/informacoes-ao-publico/glossario>. Acesso em: 13 de julho de 2016.

Diferentemente, no Brasil, a Resolução CNSP n° 332/2015, na tabela constante do artigo 49, estipula o repasse de 0,7% (sete décimos por cento) do total de prêmios arrecadados com os prêmios do Seguro DPVAT para o FDES administrado pela FUNENSEG, na forma do artigo 19 da Lei n° 4194, de 1964, com redação dada pela Lei n° 6.317, de 1975. Pertinente ressaltar que o dispositivo preconiza que nas vendas diretas de seguros, isto é, sem a intermediação de corretores de seguros, o valor habitualmente pago a estes profissionais na angariação de seguros deverá ser recolhido ao FDES. Ocorre, todavia, que no seguro obrigatório de trânsito brasileiro, não há a intermediação por corretor de seguros, haja vista que o seguro é recolhido compulsoriamente quando do licenciamento anual do veículo.

Voltando ao Peru, quanto à compensação devida nos casos de acidentes com múltiplos veículos que resultem em danos a pessoas não transportadas, de modo semelhante ao seguro obrigatório de trânsito boliviano, as seguradoras que tenham assumido o risco de cada veículo segurado serão solidariamente responsáveis, resguardando-se àquela que indenizar, o direito de haver das demais a parcela correspondente nos gastos incorridos.

Saliente-se que os valores de indenização recebidos referentes ao SOAT não implicam em reconhecimento ou presunção de culpabilidade em face do proprietário ou condutor do veículo nas esferas cível e penal. Inobstante, é garantido à seguradora o direito de reaver destes o que houver indenizado, se constatado que os danos resultantes do acidente decorreram de dolo ou culpa inescusável ou se o causador do dano estiver inadimplente com as obrigações impostas pelo contrato de SOAT.

Importante frisar que o pagamento de indenização correspondente a um sinistro não implica na redução da importância segurada, isto é, não há a necessidade de o proprietário de veículo automotor efetuar pagamentos adicionais de prêmio para reabilitar os valores segurados.

Com relação à transparência das informações atinentes ao SOAT, as seguradoras que operam com o seguro obrigatório devem manter à disposição do *Ministerio de Transportes y Comunicaciones* e da *Policia Nacional del Perú*, em meio eletrônico, um registro atualizado com os dados dos seguros contratados, devendo encaminhar ao órgão regulador dados discriminados como o uso do veículo, a modalidade de serviço público a que se preste, se for o caso, bem como o âmbito geográfico de circulação. Além disso, os tomadores do seguro podem requerer, gratuitamente, às seguradoras que assumiram seus respectivos riscos, um certificado de sinistralidade anual correspondente aos sinistros havidos em sua apólice.

Não obstante, as sociedades seguradoras devem dar conhecimento, em suas páginas na rede mundial de computadores, do falecimento de vítimas de acidentes de trânsito envolvendo veículos por elas segurados até que se finde o prazo prescricional.

Ultrapassado o prazo de prescrição sem que tenha sido reclamada indenização por qualquer beneficiário, o valor da compensação será pago em favor do *Fondo de Compensación de Seguros*.

Administrado por um *Comité de Administración* formado por representantes do Estado e da iniciativa privada (associações de seguradoras e de fundos provinciais e regionais), o *Fondo de Compensación de Seguros* é a entidade responsável pelo reembolso de despesas médicas e/ou funerárias em face de sinistros envolvendo veículos não identificados.

O patrimônio desse fundo é composto (i) pelos valores de indenização que não tenham sido reclamados durante o período prescricional, (ii) pelos aportes financeiros realizados pelas seguradoras e pelas *Asociaciones de Fondos Regionales o Provinciales contra Accidentes de Tránsito* (AFOCAT), (iii) pelas doações nacionais e estrangeiras e aportes do Governo Central e (iv) pelo resultado das multas por infrações vinculadas ao SOAT e ao *Certificado contra Accidentes de Tránsito* (CAT).

Além das diferenças e semelhanças entre os desenhos regulatórios dos sistemas de pulverização de riscos de acidentes de trânsito peruano e brasileiro apresentadas ao longo do texto, duas particularidades do modelo peruano merecem destaque.

A primeira refere-se à existência de uma central de riscos de sinistralidade de acidentes de trânsito gerida pelo órgão regulador do setor de seguros, que possibilita a verificação de índices de sinistralidade, para fins de supervisão e regulamentação, podendo resultar na constante adequação regulatória do seguro cogente.

A outra decorre da possibilidade de emissão do CAT, que se destina exclusivamente a veículos de transporte público terrestre e mototaxis, urbanos ou interurbanos, com validade restrita à circunscrição de operação dos serviços prestados. Estes certificados são emitidos pelas AFOCAT a seus membros associados, conforme modelo aprovado na forma da lei, sendo asseguradas as mesmas coberturas previstas para o SOAT.

5.3.8. Considerações finais

As estatísticas da Organização Mundial de Saúde sobre acidentes automobilísticos em vias públicas, publicadas Relatório Global sobre Segurança no Trânsito de 2015,[80] demonstram a necessidade de adoção pelo Estado de medidas regulatórias capazes de minimizar os custos sociais gerados por tais sinistros. São mais de 50 milhões de pessoas lesionadas e cerca de 1,25 milhões de mortes anualmente.

Com efeito, diferentes são os instrumentos de solidariedade social adotados em cada país para o financiamento de políticas de proteção às vítimas de acidentes de trânsito. Esses instrumentos variam desde a imposição de seguros cogentes, que, em alguns casos, podem ser livremente contratados pelo proprietário do veículo, com prêmios precificados em regime de livre concorrência ou tarifados pelo Estado; até o implemento de estruturas estatais monopolizadas, que contam com um regime de financiamento mais complexo, demonstrando o caráter assistencialista da política pública eleita.

Nesse sentido, ante a gama de alternativas regulatórias existentes, é possível o aprofundamento de estudos que possibilitem a identificação de modelos que possam promover maior sustentabilidade e eficiência na alocação dos recursos arrecadados, bem como a redução do número de acidentes no Brasil, de modo a viabilizar o atendimento das ações recomendadas na Declaração de Brasília.[81]

---

80 Disponível em: <http://www.who.int/violence_injury_prevention/road_safety_status/2015/en/>. Acesso em: 27 de julho de 2016.

81 O documento foi firmado em 19 de novembro de 2015, na Segunda Conferência Global de Alto Nível sobre Segurança no Trânsito, tendo sido aprovado por Governos de mais de 120 países. Trata-se de um instrumento que orienta os compromissos para minorar lesões e mortes no trânsito, conforme disposto na Década de Ação das Nações Unidas para a Segurança no Trânsito 2011-2020

REFERÊNCIAS

ACCIDENT COMPENSATION CORPORATION (ACC). *Motorcycles and levies*. Disponível em: <http://www.acc.co.nz/for-individuals/motorcyclists/index.htm>. Acesso em: 20 de julho de 2016.

ACCIDENT COMPENSATION CORPORATION (ACC). *Motor vehicles and levies*. Disponível em: <http://www.acc.co.nz/for-individuals/other-motorists/index.htm>. Acesso em: 20 de julho de 2016.

AFRICA DO SUL. Road Accident Fund Act, 1996 (Act No. 56 of 1996). Disponível em: <https://www.acts.co.za/road-accident-fund-act-1996/index.html>. Acesso em: 09 de julho de 2016.

AFRICA DO SUL. Road Accident Fund Amendment Act, 2005 (Act No. 19 of 2005). Disponível em: <http://www.raf.co.za/About-Us/Documents/Amendment%20Act.pdf>. Acesso em: 09 de julho de 2016.

AUTORIDAD DE FISCALIZACIÓN Y CONTROL DE PENSIONES Y SEGUROS. *¿Qué es el SOAT? Perguntas frecuentes*. Disponível em: <https://www.aps.gob.bo/Comunicacion/Publicaciones/Que%20es%20el%20SOAT%20-%20Preguntas%20Frecuentes/files/soatpregfrecuentes.pdf>. Acesso em: 11 de julho de 2016.

BANCO CENTRAL DE CHILE. *Base de Datos Estadísticos*. Disponível em: <http://si3.bcentral.cl/Indicadoressiete/secure/Indicadoresdiarios.aspx>. Acesso em: 09 de julho de 2016.

BIBLIOTECA DEL CONGRESO NACIONAL DE CHILE. *Seguro automotor obligatorio*. Disponível em: <http://www.bcn.cl/leyfacil/recurso/seguro-automotor-obligatorio>. Acesso em: 09 de julho de 2016.

BOLIVIA. *Decreto Supremo nº 27.295, de 2003*. Reglamento SOAT. Disponível em: <http://medios.economiayfinanzas.gob.bo/VPSF/documentos/Normas/DGSF/DS_27295.pdf>. Acesso em: 10 de julho de 2016.

BOLIVIA. *Ley nº 1883, del 25 de junio de 1998*. Ley de seguros de La Republica de Bolivia. Disponível em: <http://www.oas.org/juridico/spanish/mesicic3_blv_ley1883.pdf>. Acesso em: 10 de julho de 2016.

BOLIVIA. *Ley nº 737, del 21 de septiembre de 2015*. Modifica SOAT. Disponível em: <http://www.vivaboliviaps.com/noticias/ley_737-modif_soat.pdf>. Acesso em: 10 de julho de 2016.

BRASIL. Conselho Nacional de Seguros Privados. *Resolução CNSP nº 332, de 09 de dezembro de 2015*. Dispõe sobre os danos pessoais cobertos, indenizações, regulação dos sinistros, prêmio, condições tarifárias e administração dos recursos do Seguro Obrigatório de Danos Pessoais Causados por Veículos Automotores de Via Terrestre, ou por sua Carga, a Pessoas Transportadas ou não – Seguro DPVAT. Disponível em: <http://www2.susep.gov.br/bibliotecaweb/docOriginal.aspx?tipo=1&codigo=36999>. Acesso em: 17 de julho de 2016.

BRASIL. *Departamento Nacional de Trânsito*. Disponível em: <http://www.denatran.gov.br/dpvat.htm#2.1>. Veículos não identificados. Acesso em: 21 de julho de 2016.

BRASIL. *Lei nº 6194, de 19 de dezembro de 1974*. Dispõe sobre Seguro Obrigatório de Danos Pessoais causados por veículos automotores de via terrestre, ou por sua carga, a pessoas transportadas ou não. Disponível em: <http://www.planalto.gov.br/ccivil_03/leis/L6194.htm>. Acesso em: 17 de julho de 2016.

BRASIL. *Lei nº 11482, de 31 de maio de 2007*. Efetua alterações na tabela do imposto de renda da pessoa física; dispõe sobre a redução a 0 (zero) da alíquota da CPMF nas hipóteses que menciona; altera as Leis nºs 7.713, de 22 de dezembro de 1988, 9.250, de 26 de dezembro de 1995, 11.128, de 28 de junho de 2005, 9.311, de 24 de outubro de 1996, 10.260, de 12 de julho de 2001, 6.194, de 19 de dezembro de 1974, 8.387, de 30 de dezembro de 1991, 9.432, de 8 de janeiro de 1997, 5.917, de 10 de setembro de 1973, 8.402, de 8 de janeiro de 1992, 6.094, de 30 de agosto de 1974, 8.884, de 11 de junho de 1994, 10.865, de 30 de abril de 2004, 8.706, de 14 de setembro de 1993; revoga dispositivos das Leis nºs 11.119, de 25 de maio de 2005, 11.311, de 13 de junho de 2006, 11.196, de 21 de novembro de 2005, e do Decreto-Lei nº 2.433, de 19 de maio de 1988; e dá outras providências. Disponível em: <http://www.planalto.gov.br/ccivil_03/_Ato2007-2010/2007/Lei/L11482.htm#art8>. Acesso em: 19 de julho de 2016

BRASIL. *Resolução CNSP nº 332 de 09 de dezembro de 2015*. Dispõe sobre os danos pessoais cobertos, indenizações, regulação dos sinistros, prêmio, condições tarifárias e administração dos recursos do Seguro Obrigatório de Danos Pessoais Causados por Veículos Automotores de Via Terrestre, ou por sua Carga, a Pessoas Transportadas ou não – Seguro DPVAT. Disponível em: <https://www.legisweb.com.br/legislacao/?id=313669>. Acesso em: 19 de julho de 2016

BRASIL. SUPERINTENDENCIA DE SEGUROS PRIVADOS (Susep). *Glossario*. Disponível em: <http://www.susep.gov.br/menu/informacoes-ao-publico/glossario>. Acesso em: 13 de julho de 2016.

CANADÁ (QUEBEC). *Chapter A-25, updated to 15 May 2016*. Automobile Insurance Act. Disponível em: <http://legisquebec.gouv.qc.ca/en/ShowDoc/cs/A-25>. Acesso em: 24 de julho de 2016.

CANADÁ (QUEBEC). *Chapter C-24.2, updated to 15 May 2016*. Highway Safety Code. Disponível em: <http://legisquebec.gouv.qc.ca/en/showdoc/cs/C-24.2>. Acesso em: 24 de julho de 2016.

CANADÁ (QUEBEC). *Chapter S-11.011, updated to 15 May 2016*. Act respecting the Société de L'assurance Automobile du Québec. Disponível em: <http://legisquebec.gouv.qc.ca/en/ShowDoc/cs/S-11.011>. Acesso em: 24 de julho de 2016.

CANADÁ (QUEBEC). SOCIÉTÉ DE L'ASSURANCE AUTOMOBILE DU QUÉBEC. *A timeline of the SAAQ*. Disponível em: <https://saaq.gouv.qc.ca/en/saaq/a-brief-history-of-the-saaq/>. Acesso em: 24 de julho de 2016.

CHILE. *Ley nº 18490, del 02 de enero de 1986*. Establece Seguro Obligatorio de Accidentes Personales causados por circulacion de vehiculos motorizados. Disponível em: <http://bcn.cl/1uz9i>. Acesso em: 09 de julho de 2016.

CHILE. SUPERINTENDENCIA VALORES Y SEGUROS. *Precios SOAP*. Disponível em: <http://www.svs.cl/mascerca/601/w3-article-1251.html>. Acesso em: 09 de julho de 2016.

COLOMBIA. *Decreto nº 663, del 02 de abril de 1993*. Estatuto Organico del Sistema Financiero. Disponível em: <http://www.secretariasenado.gov.co/senado/basedoc/estatuto_organico_sistema_financiero.html>. Acesso em: 15 de julho de 2016.

COLOMBIA. *Decreto nº 1283, del 23 de julio de 1996*. Por el cual se reglamenta el funcionamiento del Fondo de Solidaridad y Garantía del Sistema General de Seguridad Social en Salud. Disponível em: <http://www.alcaldiabogota.gov.co/sisjur/normas/Norma1.jsp?i=12798>. Acesso em: 20 de julho de 2016.

COLOMBIA. *Decreto nº 2078, del 25 de julio de 2003*. Por el cual se establecen las tarifas máximas que pueden cobrarse por el seguro obligatorio de daños corporales causados a las personas en accidentes de tránsito (SOAT), y el valor de la contribución al Fondo de Solidaridad y Garantía, Fosyga. Disponível em: <http://www.alcaldiabogota.gov.co/sisjur/normas/Norma1.jsp?i=7850>. Acesso em: 15 de julho de 2016.

COLOMBIA. *Decreto nº 60, del 15 de enero de 2004*. Por el cual se modifica el artículo 4º del Decreto 2078 de 2003 y se dictan otras disposiciones. Disponível em: <http://www.alcaldiabogota.gov.co/sisjur/normas/Norma1.jsp?i=11358#1>. Acesso em: 15 de julho de 2016.

COLOMBIA. *Decreto nº 19, del 10 de enero de 2012*. Por el cual se dictan normas para suprimir o reformar regulaciones, procedimientos y trámites innecesarios existentes en la Administración Pública. Disponível em: <http://www.alcaldiabogota.gov.co/sisjur/normas/Norma1.jsp?i=45322>. Acesso em: 19 de julho de 2016.

COLOMBIA. *Decreto nº 56, del 14 de enero de 2015*. Por el cual se establecen las reglas para el funcionamiento de la Subcuenta del Seguro de Riesgos Catastróficos y Accidentes de Tránsito (ECAT), y las condiciones de cobertura, reconocimiento y pago de los servicios de salud, indemnizaciones y gastos derivados de accidentes de tránsito, eventos catastróficos de origen natural, eventos terroristas o los demás eventos aprobados por el Ministerio de Salud y Protección Social en su calidad de Consejo de Administración del Fosyga, por parte de la Subcuenta ECAT del Fosyga y de las entidades aseguradoras autorizadas para operar el SOAT. Disponível em: <http://www.alcaldiabogota.gov.co/sisjur/normas/Norma1.jsp?i=60483#46>. Acesso em: 20 de julho de 2016.

COLOMBIA. *Ley nº 100, del 23 de diciembre de 1993*. Por la cual se crea el sistema de seguridad social integral y se dictan otras disposiciones. Disponível em: <http://www.alcaldiabogota.gov.co/sisjur/normas/Norma1.jsp?i=5248>. Acesso em: 20 de julho de 2016.

COLOMBIA. *Ley nº 1753, del 09 de junio de 2015*. Plan Nacional de Desarrollo 2014-2018 "Todos por un nuevo país". Disponível em: <http://www.secretariasenado.gov.co/senado/basedoc/ley_1753_2015.html>. Acesso em: 15 de julho de 2016.

COLOMBIA. Ministerio de Hacienda y Crédito Público. *Decreto nº 74, del 18 de enero de 2010*. Por médio del cual se introducen modificaciones al régimen del Fondo de Seguro Obligatorio de Accidentes de Tránsito – FONSAT – y se dictan otras disposiciones. Disponível em: <http://wp.presidencia.gov.co/sitios/normativa/decretos/2015/Decretos2015/DECRETO%202552%20DEL%2030%20DE%20DICIEMBRE%20DE%202015.pdf>. Acesso em: 18 de julho de 2016.

COLOMBIA. Ministerio del Trabajo. *Decreto nº 2552, del 20 de diciembre de 2015*. Por el cual se fija el salario mínimo legal. Disponível em: <http://wp.presidencia.gov.co/sitios/normativa/decretos/2015/Decretos2015/DECRETO%202552%20DEL%2030%20DE%20DICIEMBRE%20DE%202015.pdf>. Acesso em: 18 de julho de 2016.

COMISSÃO EUROPEIA. *Communication from the Commission to the European Parliament and the Council*. Disponível em: <http://eur-lex.europa.eu/legal-content/EN/TXT/?uri=COM:2016:246:FIN>. Acesso em: 28 de julho de 2016.

COMISSÃO EUROPEIA. *Minimum amounts of cover*. Disponível em: <http://ec.europa.eu/finance/insurance/docs/motor/min_amounts_en.pdf>. Acesso em: 28 de julho de 2016.

Council Directive 72/166/EEC. On the approximation of the laws of the Member States relating to insurance against civil liability in respect of the use of motor vehicles, and to the enforcement of the obligation to insure against such liability. Disponível em: <http://eur-lex.europa.eu/legal-content/EN/TXT/?uri=CELEX:31972L0166>. Acesso em: 05 de julho de 2016.

Council Directive 72/430/EEC. Amending Council Directive 72/166/EEC of 24 April 1972 on the approximation of the laws of the Member States relating to insurance against civil liability in respect of the use of motor vehicles and to the enforcement of the obligation to insure against such liability. Disponível em: <http://eur-lex.europa.eu/LexUriServ/LexUriServ.do?uri=CELEX:31972L0430:EN:HTML>. Acesso em: 05 de julho de 2016.

Directive 2000/26/EC of the European Parliament and of the Council. On the approximation of the laws of the Member States relating to insurance against civil liability in respect of the use of motor vehicles and amending Council Directives 73/239/EEC and 88/357/EEC Disponível em: <http://eur-lex.europa.eu/legal-content/en/ALL/?uri=CELEX:32000L0026>. Acesso em: 05 de julho de 2016.

Directive 2005/14/EC of the European Parliament and of the Council. Amending Council Directives 72/166/EEC, 84/5/EEC, 88/357/EEC and 90/232/EEC and Directive 2000/26/EC of the European Parliament and of the Council relating to insurance against civil liability in respect of the use of motor vehicles. Disponível em: <http://eur-lex.europa.eu/LexUriServ/LexUriServ.do?uri=OJ:L:2005:149:0014:0021:EN:PDF>. Acesso em: 05 de julho de 2016.

Directive 2009/103/EC of the European Parliament and of the Council. Relating to insurance against civil liability in respect of the use of motor vehicles, and the enforcement of the obligation to insure against such liability. Disponível em: <http://eur-lex.europa.eu/LexUriServ/LexUriServ.do?uri=OJ:L:2009:263:0011:0031:EN:PDF>. Acesso em: 05 de julho de 2016.

First Council Directive 73/239/EEC. On the coordination of laws, Regulations and administrative provisions relating to the taking-up and pursuit of the business of direct insurance other than life assurance. Disponível em: <http://eur-lex.europa.eu/LexUriServ/LexUriServ.do?uri=CELEX:31973L0239:EN:HTML>. Acesso em: 05 de julho de 2016.

NOVA ZELÂNDIA. *Accident Compensation Act, 2001* (Act no. 49 of 2001). Disponível em: <http://www.legislation.govt.nz/act/public/2001/0049/latest/DLM99494.html>. Acesso em: 20 de julho de 2016.

NOVA ZELÂNDIA. *Accident Compensation (Motor Vehicle Account Levies) Regulations 2016* (Legislative Instrument 2016/80). Disponível em: <http://www.legislation.govt.nz/regulation/public/2016/0080/11.0/DLM6813813.html>. Acesso em: 21 de julho de 2016.

NOVA ZELÂNDIA. *Land Transport Act 1998* (Act no 110 of 1998). Disponível em: <http://www.legislation.govt.nz/act/public/1998/0110/latest/DLM433613.html>. Acesso em: 19 de julho de 2016.

PERU. *Decreto Legislativo nº 1051, del 27 de junio de 2008.* Se establece que las Asociaciones de Fondos Provinciales o Regionales Contra Accidentes de Tránsito (AFOCAT), serán reguladas, supervisadas, fiscalizadas y controladas por la Superintendencia de Banca, Seguros y Administradoras Privadas de Fondos Privados de Pensiones. Disponível em: <http://www.afocat.org.pe/Documentos/DL%20N%201051.pdf>. Acesso em: 13 de julho de 2016.

PERU. *Decreto Supremo nº 024-2002-MTC.* Reglamento Nacional de Responsabilidad Civil y Seguros Obligatorios por Accidentes de Tránsito. Disponível em: <http://transparencia.mtc.gob.pe/idm_docs/normas_legales/1_0_2797.pdf>. Acesso em: 11 de julho de 2016.

PERU. *Decreto Supremo nº 001-2004-MTC.* Modifican el TUO del Reglamento Nacional de Responsabilidad Civil y Seguros Obligatorios por Accidentes de Tránsito, aprobado por D.S. Nº 024-2002-MTC. Disponível em: <http://transparencia.mtc.gob.pe/idm_docs/normas_legales/1_0_111.pdf>. Acesso em: 11 de julho de 2016.

PERU. *Decreto Supremo nº 007-2015-MTC.* Aprueban modificaciones al Texto Único Ordenado del Reglamento Nacional de Responsabilidad Civil y Seguros Obligatorios por Accidentes de Tránsito. Disponível em: <http://transparencia.mtc.gob.pe/idm_docs/normas_legales/1_0_3607.pdf>. Acesso em: 11 de julho de 2016.

PERU. *Ley nº 28515*. Disponível em: <http://docs.google.com/viewerng/viewer?url=http://docs.peru.justia.com/federales/leyes/28515-may-5-2005.pdf>. Acesso em: 12 de julho de 2016.

PERU. *Ley nº 27181, de 07de octubre de 1999*. Ley General de Transporte y Tránsito Terrestre. Disponível em: <http://transparencia.mtc.gob.pe/idm_docs/normas_legales/1_0_3106.pdf>. Acesso em: 11 de julho de 2016.

PERU. SUPERINTENDENCIA DE BANCA, SEGUROS Y AFP. *Precios Referenciales SOAT*. Disponível em: <http://www.sbs.gob.pe/download/TipoTasa/files/00099_1_15.htm>. Acesso em: 13 de julho de 2016.

RENOVACIÓN MAGISTERIAL. *Fosyga. ¿Que es?* Disponível em: <http://www.renovacionmagisterial.org/inicio/docs/mar2008/001.pdf>. Acesso em: 20 de julho de 2016.

RIBEIRO, Carlos Spínola. *Taxa de Equilíbrio da Previdência Social Brasileira Segundo um Sistema Nacional*. Trabalho apresentado no XVI Encontro Nacional de Estudos Populacionais, realizado em Caxambu-MG – Brasil, de 29 de setembro a 03 de outubro de 2008. Disponível em: <http://www.abep.nepo.unicamp.br/encontro2008/docsPDF/ABEP2008_1114.pdf>. Acesso em: 21 de julho de 2016.

Second Council Directive 84/5/EEC. On the approximation of the laws of the Member States relating to insurance against civil liability in respect of the use of motor vehicles. Disponível em: <http://eur-lex.europa.eu/legal-content/EN/TXT/?uri=CELEX:31984L0005>. Acesso em: 05 de julho de 2016.

Second Council Directive 88/257/EEC. On the coordination of laws, regulations and administrative provisions relating to direct insurance other than life assurance and laying down provisions to facilitate the effective exercise of freedom to provide services and amending Directive 73/239/EEC. Disponível em: <http://eur-lex.europa.eu/LexUriServ/LexUriServ.do?uri=CELEX:31988L0357:EN:HTML>. Acesso em: 05 de julho de 2016.

TAULBEE, Nathan. The Benefits of a Fully Funded Social Security System. The Park Place Economist, vol. VII Disponível em: <https://www.iwu.edu/economics/PPE07/nathan.pdf>. Acesso em: 20 de julho de 2016.

Third Council Directive 90/232/EEC. On the approximation of the laws of the Member States relating to insurance against civil liability in respect of the use of motor vehicles. Disponível em: <http://eur-lex.europa.eu/legal-content/EN/TXT/?uri=CELEX:31990L0232>. Acesso em: 05 de julho de 2016.

WORLD HEALTH ORGANIZATION. *Global Status Reporto n Road Safety – 2015*. Disponível em: <http://www.who.int/violence_injury_prevention/road_safety_status/2015/en/>. Acesso em: 27 de julho de 2016.

WORLD HEALTH ORGANIZATION. *Declaração de Brasília sobre Segurança no Trânsito*. Disponível em: <http://www.who.int/violence_injury_prevention/road_traffic/brasilia_declaration_Portuguese/en/>. Acesso em: 27 de julho de 2016.

6. CONCLUSÃO

Este livro se propôs a apresentar uma visão geral sobre o Seguro de Danos Pessoais Causados por Veículos Automotores de Vias Terrestres, discorrendo acerca de pontos básicos sobre a estrutura e o funcionamento deste seguro, além de outros aspectos de natureza jurídica e econômica que permitem uma melhor compreensão do DPVAT como instrumento regulatório capaz de reduzir os riscos criados pelo trânsito.

Para alcançar tal objetivo foram abordados diversos temas ao longo do livro, tais como a natureza jurídica do DPVAT; a repartição dos recursos arrecadados; e a classificação em relação aos seguros automobilísticos existentes no mercado, sem os quais não seria possível compreender aspectos fundamentais do DPVAT.

Dessa forma, no Capítulo 1 foram apresentados os principais objetivos regulatórios que podem ser identificados a partir da regulação legal e infralegal. Além disso, situamos o DPVAT dentro da disciplina da responsabilidade civil e apontamos seus principais objetivos, pelo que foi possível concluir que o seguro DPVAT, apesar de aproximar-se da teoria do risco integral no que se refere aos fundamentos para indenização à vítima, é, na verdade, um mecanismo de repartição social dos riscos causados pelo trânsito, que, com a modernização da sociedade, passou a ser uma atividade altamente perigosa.

Já no Capítulo 2, foram abordadas as principais reformas legislativas desde a instituição, há 50 anos, do seguro obrigatório de trânsito, perpassando especialmente por aquelas que o modificaram mais substancialmente, até que se chegasse à estrutura regulatória vigente nos dias atuais.

O Capítulo 3, intitulado de "O DPVAT e o Consórcio", apresentou informações básicas sobre o funcionamento do DPVAT, explicando sua estrutura e administração. Além disso, o capítulo também abordou questões mais específicas, tais como os valores dos prêmios por cada categoria dos veículos, o funcionamento do pagamento de indenizações, além de aspectos relativos ao repasse dos recursos recebidos pelo consórcio.

REGULAÇÃO DO SEGURO DPVAT: MARCO REGULATÓRIO E ECONÔMICO

O capítulo 4 dispôs-se a fazer uma análise dos possíveis objetivos regulatórios do DPVAT, visto que os seus recursos não são destinados apenas para a garantia de um mínimo indenizatório às vítimas de acidente de trânsito. Seus recursos são também utilizados com outros objetivos, como a internalização de parte dos custos sociais ao causador do dano; ressarcimento ao SUS por seus custos de tratamento de vítimas de acidentes de trânsito; e diminuição dos índices de acidentes no trânsito. Ademais, o capítulo também fez um estudo acerca se o seguro obrigatório cumpre com os objetivos propostos.

O Capítulo 5 teve o condão de apresentar um panorama geral de mecanismos alternativos de solidariedade social ao redor do mundo, a partir da demonstração da evolução histórica da regulação do seguro obrigatório de responsabilidade civil na União Europeia. Adicionalmente, foi apresentada a experiência americana com uma breve descrição dos seguros cogentes de trânsito adotados por 10 diferentes estados, além de modelos assemelhados ao Seguro DPVAT, no que se refere à universalidade de sua cobertura e obrigatoriedade de contratação em outros países.